Pensieri

Graziano D'Urso
2020

"[...] Sicuramente più compreso è in prosa,
Ma Fichte confuse cosa e divino,
cercando tesi che miglior si sposa.
Dio e cosa nel "non-io" in suo pensar fino
Convocò sì e facendosi infedele
Rispetto al pensiër del sopraffino
Nato a Koningsberg, Kant Emanuele."

Graziano D'Urso - Tria Maxima vv.40-46, Poesie

A Emanuela.

Pensieri

Lulu.com, Morrisville, NC.

ISBN: 978-0-244-56405-6

Pensieri
Graziano D'Urso

Introduzione

L'uomo si distingue da qualsivoglia altra forma di vita conosciuta sulla Terra, per la capacità di ragionare.

Quelle facoltà cognitive complesse che fondano l'Arte e la creatività in generale, il potere di penetrare il sapere e scrivere nuova inconfutata scienza, i sentimenti che avvicinano o allontanano l'uomo dai suoi simili, sono tutti connotati innati che qualificano in siffatta guisa miracolosa la Creazione.

In questo mio lavoro avrei voluto esprimere al meglio la visione del Tutto, di un Tutto organico e interconnesso da quella linea rossa che collega insieme macrocosmo e microcosmo filosofico: la Conoscenza in tutte le sue forme, caratteristiche e particolarità nell'interpretazione che ne dà l'uomo, esprimendo così al meglio la mia devozione all'analisi del reale ed all'approfondita euristica filosofica sulla natura delle cose.

Ma pur mi rendo conto che non posso che limitarmi (auspicando che sia solo in via temporanea) a quelle frammentarie intuizioni che mi colgono all'improvviso e mi disarmano ed inibiscono da qualsivoglia attività fintantoché non siano state messe su qualsivoglia piattaforma per iscritto.[1]

---

[1] Già in un precedente tentativo di realizzare un opera dal medesimo tema mi trovai a dover affrontare il quesito di come strutturare il testo e come conciliare i diversi pensieri. Ecco qui di seguito l'introduzione dello scritto inedito "Interpretazione e libero pensiero": *Mi capita talvolta di trovarmi in uno stato di distrazione dalle mie regolari mansioni tale che non riesco a compiere correttamente e diligentemente i miei compiti ed i miei lavori se prima non metto giù su carta ciò che penso, e conferisco corposità e materialità alle mie idee.*

Forse penso troppo, forse mi lascio distrarre facilmente, ma mi capita troppo spesso di vedere uno spaccato del mondo relativamente nuovo o che comunque non abbia mai preso realmente in considerazione, e sento poi la violenta necessità di analizzare la mia visione con molta più attenzione e precisione scrivendo.

Questa raccolta saggistica consiste nel mio primo tentativo di costituire un corpo unitario del mio pensiero e della mia interpretazione del mondo, e dei suoi elementi costitutivi, anche i più piccoli, anche se il lavoro qui presentato è decisamente eterogeneo: sono presenti saggi relativamente a temi come la musica, l'arte, la politica, l'amore, la letteratura, la poesia, etc.

L'inconciliabilità dei temi fra essi è tale da non poter essere degna questa raccolta da potersi considerare opera filosofica.

Una volta compreso perché il titolo di questa raccolta prende il nome di "Interpretazione", è facile dedurre perché si chiami anche "Libero pensiero": le mie trattazioni

Ciò si spiega dal fatto che l'idea di questo scritto sorge né più né meno da una iniziativa su un noto Social Network, curata da me stesso e che solo marginalmente ha conosciuto forme di redazione tradizionali.

Dovendo quindi rinunciare per il momento a redigere una Enciclopedia della filosofia, consacro in questo piccolo libretto quanto io abbia potuto maturare negli ultimi anni del mio primo ventennio di vita.

Si tratta di sparsi e non sempre connessi *Pensieri,* di più o meno estesa dimensione, con nessuna pretesa se non quella di suggerire nuovi punti di osservazione della realtà, oppure evidenziare visioni già esistenti ma poco prese in considerazione, oltre a lasciare una testimonianza delle idee che mi hanno condotto a scrivere *"Il Codice della Chitarra"*, il *"Vade-Mecum dell'Orchestra Riviera dei Ciclopi"*, *"Ritmica-Mente"*, nonché ad organizzare l'ufficio di Mediazione dell'Orchestra della quale ho avuto l'onore di redigerne il primo Regolamento interno, ed organizzare i vari Corsi di Chitarra e Basso nelle località limitrofe: trattasi di quegli aforismi che stanno alla base della mia filosofia (intesa qui come modo di relazionarmi ed atteggiarmi col prossimo) e del mio procedere etico.

Ciascuna mia attività, dal lavoro al diletto allo studio, ha alle spalle un approccio che non può che derivare dal mio modo di pensare, che è quello che in definitiva pongo in questo mio primo tentativo di composizione filosofica, che emula grandemente quei precedenti storici di raccolte di aforismi e massime.

In larga parte questo scritto costituisce il "retroterra" di quanto io abbia già avuto modo di trattare ne *"Il Manifesto Sofiocratico"*, con riferimento al governo della Conoscenza: un minuto *panphlet* di utopia politica, corredato dalla bramosia di una eunomia fondata sullo scibile esasperato.

Dire la propria è un diritto di ciascuno, se ciò non lede i diritti altrui; e se dire la propria può aiutare obiettivamente il prossimo, perché astenersi dal farlo? Le grandi teorie o le importanti scoperte sorgono da inedite

rielaborano liberamente argomenti già lavorati per bene dai più grandi studiosi della storia, dei quali sono nate spesso scuole di pensiero anche contrastanti, e se per taluni argomenti ho voluto dire "la mia", per altri ho voluto costituire nuovi fuochi, nuovi punti di vista, e magari, perché no, nuovi argomenti su cui dibattere.

Lascio quindi al lettore il piacere di dare uno sguardo al mio pensiero, alle mie idee, al mio modo di vedere la vita.

intuizioni che possono anche apparire *ictu oculi* come prive di fondamento, senso o ragionevolezza: la Storia ne è piena di esempi in ambito scientifico, fino alle più recentissime scoperte.

Gli economisti dicono che far qualcosa, anche seppur minima, è sempre meglio di non far nulla; e la mia comprovata repulsione verso l'ozio non può che accogliere in pienezza questo tipo di pensiero.

Ciò si unisce al mio profondo amore verso la filosofia che già cogliendomi a livello scolastico nel triennio del Liceo Scientifico, mi ha irrorato di nuova luce a livello accademico nei primi studi di Giurisprudenza, e proprio per questo ringrazio i miei Maestri che con estrema lucidità mi hanno indirizzato verso la via della ricerca: Prof. Salvatore Bruno e Prof. Salvatore Amato.

Può quindi il mio pensiero essere largamente influenzato dalla filosofia classica greca e tedesca, come anche quella teoretica e quella giuridica, che non esita a tentare delle incursioni nella teoria economica.

Ho forzato con questa disciplina miei scritti precedenti, conferendo un tocco filosofico nelle rime di "*Versi Antichi e Rime Nuove*", nel Capitolo V del Libro I di "*Xiphonia – La nascita di Akis*", e nelle inapplicabili teorie del "*Manifesto Sofiocratico*" (come già detto sopra).

Palese è pure l'osmosi filosofica di questo libello col mio primo tentativo informatico di filosofare nel blog "Libero Pensiero".[2]

Credo che sia giunto il momento di occuparmi ora, in forma di Commentario ai *Pensieri*, di sola filosofia in questo scritto, tentando la ricercata coerenza tematica che inseguo ormai da tempo, e che non poco ho trascurato, ribadendo che non è stata di facile realizzazione la omogeneizzazione di siffatte tracce, apparendo più che altro l'intera opera come un'amalgama musiva.

Auguro quindi una buona lettura al caro lettore di questo libello, con l'auspicio che sia questo per egli una feconda sorgente di ispirazione del proprio agire.

Graziano D'Urso
Mercoledì 4 Luglio 2012

---

[2] http://liberopensierogd.blogspot.com/

Pensieri
Graziano D'Urso

1. Il Filosofo e le esortazioni: le prediche del *Dàimon* positivo

Credo, raggiunto un livello di maturazione psichica che si staglia solo all'alba della mia vita di studente, di avere due tipi di pensieri[3], e la *summa divisio* cade sulla distinzione tra positivi e negativi. La genesi dei primi pensieri, quelli positivi, risiede in sentimenti di entusiasmo e di auspicio, nella consapevolezza che l'uomo sia un essere altruista e tendenzialmente portato verso l'amore: trattasi di pensieri canalizzanti quella filantropia etica volta all'agire a favore dell'altro; pensieri che sorgono dall'imperativo kantiano di considerare l'altro sempre come fine e mai semplicemente come mezzo.

Mentre si può ben capire come i pensieri negativi sorgono da sentimenti di delusione, lucida consapevolezza e pessimismo, nella convinzione che l'uomo sia un essere egoista e tendenzialmente portato verso l'odio, ove ombre di nichilismo volteggiano nella mia mente senza poter passar inosservate.

Non è difficile leggere fra le righe di questo mio inizio la teoria dell'antropologia positiva e di quella negativa [4], che vedrebbero rispettivamente l'uomo che cerca l'amico per il puro interesse di socializzazione, e l'uomo che cerca l'amico al solo fine di difendersi dal nemico (*homo homini lupus*), quindi le teorie del bene e del male politico, secondo cui la società si costituisce per filantropia ed interessi culturali per l'una teoria (*polis-polos*), ovvero per difendersi meglio dagli attacchi dei nemici per l'altra (*polis-polemos*).

Vi sono alcuni pensieri (i primi) che appaiono quindi come esser stati suggeriti da uno spirito benigno, come se una lente benigna si interponesse fra la mia percezione ed il fenomenico umano, ed altri invece (i secondi) da

---

[3] In quest'opera il "pensiero" è una massima corredata da un numero progressivo che sintetizza un principio: questa è pronunciata con riferimento ad un dato argomento con accezione positiva ovvero negativa. Come si avrà modo di comprendere meglio nel prosieguo della trattazione, questi appaiono pronunciati da uno Spirito benigno ovvero da uno Spirito maligno, o come si esprime il libretto, Dàimon positivo o Dàimon negativo.

[4] Salvatore Amato – "COAZIONE, COESISTENZA, COMPASSIONE", pag. 155.

uno spirito maligno, e questi due *Dàimones* (se vogliamo esprimerci in termini socratici) hanno un punto fermo: l'obiettiva meritorietà della Conoscenza. La discrasia verte invece su come utilizzare questo bene, poiché di volta in volta si ha a che fare nel suo corretto disimpegno con la maggiore o minore elasticità mentale di chi si ha di fronte, pur dovendo riconoscere a questi delle caratteristiche imprescindibili quali l'autocoscienza e la capacità di pensare, da collocare nella gerarchia ontologica.

La teorie del bene e del male politico, o quella dell'antropologia positiva e negativa, trovano in questo libello una nuova ottica ed una nuova applicazione, per il tramite di quel volano che non può che essere il confronto, quindi il contraddittorio: solo da questo scontro potrà venir fuori la più giusta soluzione (*i.e.*: la più giusta teoria).

PENSIERO N°0

"La migliore comune scelta è quella che - maturata la debita immancabile Conoscenza - germoglia dal confronto, che sorge dal concerto delle diverse opinioni, dall'incontro delle distinte esigenze e dalla pluralità d'interessi: non puòsi deliberar laddove non sussiste quell'indispensabile reciproca empatia nel comprender (ancorché non condividere) le più che lecite sensibilità e ragioni di tutti."

Mentre il *Dàimon* positivo riconosce l'esistenza di altri io-pensanti, sulla scia degli insegnamenti fichtiani, altri esseri capaci di ragionamento da rispettare come sé stesso; il *Dàimon* negativo non può che ravvisare in questa moltitudine di io-pensanti una disparità ontologica[5] limitatamente alle facoltà intellettuali, che dipenda o meno dalle conoscenze acquisite o dalla innata o maturata elasticità mentale.

5 La parità ontologica non equivale alla parità biologica o fisiologica, la parola "ontologica" deriva dal greco ὄντος, òntos (è genitivo singolare del participio presente del verbo essere) e significa semplicemente parità nell'essere e cioè che tutto è e non esiste un essere che sia più o meno essere di un altro. Significa uguaglianza. Significa riconoscersi le stesse potenzialità, proiettandole in atto e gli stessi diritti. Significa non discriminare sulla base del sesso o dell'orientamento sessuale, o dell'etnia o della religione o delle opinioni personali.

Ci si domanda allora come debbano convivere i due non proprio adesivi orientamenti, ma la risposta risiede nel fatto che entrambi si completano e non possono esistere l'uno senza l'altro: è indispensabile che i due Dàimon predichino antiteticamente in posizione di tesi l'uno e di antitesi l'altro, per coniare quella nuova e genuina sintesi che è il Filosofo.

Questo contradditorio genera quella soluzione che nel mio pensiero è mutuata grandemente dalla missione del dotto fichtiana, ove per "dotto in missione" io intendo senz'altro il Filosofo. Il Filosofo si limita ad eseguire la sintesi del contradditorio fra i due *Dàimones*, con la continua ricerca del miglioramento obiettivo della vita.

Ecco giustificati, fatta eccezione per il *"numero zero"*, il primo ed il secondo pensiero che inaugurano questo libretto:

PENSIERO N°1

"Mi piace pensare che il Filosofo sia colui il quale ama ogni Scienza, è inscindibilmente attratto da ogni sapere, ha la sincera intenzione di conoscere e comunicare la Conoscenza: mi piace utilizzare il termine filosofia nella sua accezione principale, secondo la sua etimologia originaria."

PENSIERO N°2

"In quel ricco e fulgente emporio sì a congeniale guisa forgiato ed all'uopo congegnato della Filosofia, si riforniscono eternamente all'occasione, lasciandosi piacevolmente influenzare, le arti, la poesia, l'etica, la teologia, l'antropologia, la sociologia, l'economia, il diritto, la psicologia, la deontologia, e moltissimo altro... finanche la medicina! Nulla ivi rimane inutilizzato, nulla messo da parte: nella ideazione fondazionale delle genesi euristiche delle somme scienze e nel retroterra delle accademiche arti nulla è giammai lasciato al caso."

Il Filosofo quindi non è altro che il frutto di quella dialettica scaturita dal contenuto concettuale di una tesi e da quello di una antitesi, che in quella articolazione triadica hegeliana trova la sola fonte di suffragio teorico.

Questi disimpegna la sua missione per il tramite di strumenti per comunicare agli altri io-pensanti ciò che è di abbisognevole per equalizzare le loro inevitabili disparità ontologiche. Ciò che è abbisognevole non è la Conoscenza *tout-court*, o la Conoscenza con la "c" maiuscola (che è la stessa cosa): essa non appartiene all'uomo. L'uomo può solo aspirarne un parziale possesso (*rectius*: una completa adesione), un amore: ecco perché filosofia[6]. Ciò che è abbisognevole non è altro che l'amore per la Sapienza.

PENSIERO N°3

"Il sapiente, o dotto, non esiste. Può esistere invece l'aspirante alla Sapienza, l'amante di essa: il filosofo.

Il filosofo è chi dedica la sua vita allo studio delle Scienze. La Sapienza non è di questo mondo. Può esistere invece l'aspirazione alla conoscenza, l'amore di essa: la filosofia.

La Scienza è ciò che adduce un miglioramento obbiettivo della vita degli uomini.

La filosofia è quindi euristica pura finalizzata a siffatto miglioramento, ricerca, studio, sviluppo, Scienza in continuo divenire.

La missione dell'uomo è divenire filosofo; la missione del filosofo è comunicare la filosofia a tutti gli uomini, cioè mettere in comunione l'amore per la Conoscenza per il tramite dell'arti: musica, poesia, retorica, etc."

Aristotele con una lucidità che precede ogni tempo, nella sua *"Esortazione alla Filosofia"* o *"Protreptico"* afferma che chi pensa sia necessario filosofare deve filosofare e chi pensa non si debba filosofare deve filosofare per dimostrare che non si deve filosofare; dunque si deve filosofare in ogni caso o andarsene di qui, dando l'addio alla vita, poiché tutte le altre cose sembrano essere solo chiacchiere e vaniloqui, aggiungendo in altra sede che *"Il saggio non è chi dice tutto ciò che pensa, ma che pensa tutto ciò che dice"*.

La missione del filosofo, che non si limita all'attività del filosofare, ma che si estende alla comunicazione della filosofia, è un dinamico ed interminato *Streben*, e lo *Streben* era l'anelito vitale che pervadeva gli esponenti del Romanticismo, e nella filosofia nell'Idealismo: tensione verso

---

[6] La **filosofia** (dal greco φιλοσοφία, composto di φιλεῖν (*filèin*), "amare", e σοφία (*sofia*), "sapienza", ossia "amore per la sapienza") è un campo di studi che si pone domande e riflette sul mondo e sull'uomo, indaga sul senso dell'essere e dell'esistenza umana e si prefigge inoltre il tentativo di studiare e definire la natura, le possibilità e i limiti della conoscenza.

l'alto, verso il sublime, verso l'emozione, verso la verità se vogliamo, aspirazione, desiderio, ricerca, sforzo.

La missione del Filosofo è uno sforzo finalizzato alla comunicazione dell'amore per la conoscenza dinamica, una *affectio* che sia straordinariamente coinvolgente.

PENSIERO N°4

"La comunicazione dell'interdisciplinarietà creativa, in luogo di dono proficuamente trascinante, risiede nella deontica umana, quindi insegnare non può non esser che imperativo ipotetico[7] della vita stessa: una vita che non sia profusa per gli altri, inosservante di siffatto onere, non è un'esistenza ben spesa."

Lo *Streben* è il tendere all'ideale; è uno dei valori fondamentali per l'uomo romantico (che è come dire il filosofo idealista) che vuole staccarsi dalla vita quotidiana per diventare più poetico, più eroico. Non vuole tendere a ciò che può realizzare ma vuole tendere a ciò che non può realizzare, all'utopia, alla perfezione. Questo in tutti i campi della vita soprattutto nell'arte e nella morale.

PENSIERO N°5

"L'inventore è prima di tutto un utopista: mai smettere di pensare ad idee e concetti inesistenti, mai smettere di studiare ed arricchire le proprie conoscenze, mai smettere di elaborare e corroborare il proprio pensiero."

PENSIERO N°6

"Il traguardo etico vedrai farsi sempre più nitido allorquando a prefetto aspirerai disimpegno della Conoscenza presso l'umanità, a nuncio delle arti presso le genti, ad ambasciatore dell'armonìa presso gli uomini, a procuratore della Scienza presso la società, a consigliere dell'eunomìa presso

---

[7] L'**imperativo ipotetico**, introdotto per la prima volta da Immanuel Kant, è un comando della ragione che, a differenza dell'imperativo categorico, sul quale si fonda la morale kantiana, si applica solo condizionatamente. Lo si può tranquillamente tradurre con onere (piuttosto che obbligo o dovere), p.es.: *se vuoi... devi...*

i governi, a paraclito della Verità presso la razionale e logica umana Giustizia."

L'uomo non possiede la Scienza, ma possiede l'Arte: di quest'ultima fa uso per adempiere alla sua missione. Leonardo Da Vinci affermò che la Scienza e l'Arte non sono dissimili, in quanto entrambe hanno la capacità di penetrare la realtà. La Scienza può essere coltivata, ricercata e comunicata per il tramite delle arti, in quanto queste più di qualsivoglia altro strumento trasmettono il messaggio nel modo più sublime.

PENSIERO N°7

"E' con l'ausilio della retorica che il Filosofo fa di sé anche curatore delle altrui personalità, irrorando in quelle naturali esigenze di qualificazione connotativa e carismatica degli individui embrioni di Scienza, affinché così non ne siano ivi surrogati quei comuni e tutt'altro che aulici spontanei espedienti, conducenti questi ad adornare indelebilmente il corpo piuttosto che le menti."

Il disimpegno della retorica è meritorio se finalizzato al persuadere dell'amore per la conoscenza; la persuasione è un'arte, e per il tramite della sola arte il filosofo può comunicare la Scienza (*rectius*: l'amore di essa). Aristotele, infatti, usava dire che la persuasione è *"l'arte di indurre le persone a compiere azioni che normalmente non compirebbero se non lo chiedessimo loro"*. Ebbene è sociologicamente dimostrato che gli individui ancora non psico-fisicamente maturi se potessero, non andrebbero neanche a scuola, la stessa scuola che con meritorietà e lucidità è stata posta come obbligatoria (fino ad una certa età) nella maggior parte degli ordinamenti giuridici moderni.

PENSIERO N°8

"L'uomo non è conoscitore delle scienze, né può mai diventarlo: ne può essere intuitore, amante, appassionato, spettatore, quindi filosofo. L'uomo è in verità un artista: l'arte è ciò che gli riesce meglio, e nessuno in luogo alcuno potrà giammai negarlo."

Il Filosofo mette al servizio dell'umanità l'Arte affinché venga comunicata la conoscenza (*rectius*: l'amore per la Conoscenza, quindi la filosofia). Ma la conoscenza non è qualcosa di cristallizzato, ma in continuo divenire: è soggetta a quelle continue ed indispensabili modificazioni che sono cagionate dal progresso scientifico e dall'evoluzione tecnologica, ad onta di quanto si potesse enunciare nel Medioevo, ma in ossequio al generale orientamento rinascimentale ed illuministico.

PENSIERO N°9

"La Conoscenza non è stasi, non è qualcosa di quantificabile o misurabile, e deve non esserlo: la sterile finitudine è null'altro che nocumento; fintantoché può fregiarsi invece questa della più onorevole dinamica di ricerca e sviluppo può ricevere il plauso dell'eternità, potendone gli uomini farne il miglior uso."

Gli stessi strumenti per la comunicazione dell'amore per la conoscenza (che è un bene meritorio), possono però esser utilizzati a fini opposti, per comunicare tutt'altro. Ciò accade in presenza dei sofismi, in quell'agitato oceano del combattimento dialettico che è l'eristica. Il saggista Franco Volpi per esempio non esita a considerare la dialettica come "organo" della naturale cattiveria umana.

Arthur Schopenhauer esordisce nel suo trattatello circa l'arte dell'ottenere ragione esposto in trentotto stratagemmi (che egli chiamò *dialectica eristica*) affermando che *"la dialettica eristica è l'arte di disputare, e precisamente l'arte di disputare in modo da ottenere ragione, dunque con mezzi leciti ed illeciti"*,[8] proseguendo con un'altra affermazione, in vero molto più aspra (che meglio troverebbe sede nel secondo capitolo di questo *panphlet*) secondo cui il ricorso ai mezzi illeciti è cagionato dalla naturale cattiveria dell'uomo.

PENSIERO N°10

"La vita è con certezza un coacervo di retorica: avrà la meglio chi, sapendone proficuamente far buon uso, ivi si saprà utilmente destreggiare."

---

[8] Arthur Schopenhauer, L'ARTE DI OTTENERE RAGIONE, pag. 15

Pensieri
Graziano D'Urso

PENSIERO N°11

"In tanto è meritorio il disimpegno della retorica in quanto combatte, nell'assolvimento della sua missione comunicativa dell'amore per la conoscenza, i sofismi suggestivi nella temperie dell'eristica."

Il filosofo è retore nel momento in cui utilizza l'arte per comunicare l'amore per la conoscenza: il ricorso all'arte deve operare nel modo migliore, ed il convincimento del prossimo all'adesione alla filosofia deve avvenire nel modo più sublime e soave possibile, quindi essere il messaggio più appetibile a qualsivoglia orecchio. Mentre in questa *sedes materiæ* ci si occupa della Retorica, con riferimento alla Musica si rimanda al Capitolo 7°.

PENSIERO N° 12

"Il retore non potrà prescinder dall'adornare la sua coinvolgente orazione, finanche negli epilemmi, di musicalità, di metrica, di pause, di respiri, nonché di teatrale gestualità, di un alito poetico, sì da non poterla discernere dalla lirica più prosaica, nel suo iter della più capillare e penetrante delle intellegibilità."

E' nella natura dell'uomo far uso della musica e della poesia, e questo lo ha ben capito l'appassionato di storia patria Filippo Pulvirenti, che nel suo libello *"Dafni, un mito siculo ellenizzato"* esordisce con un passo di Aristotele enunciante circa la tendenza dell'uomo all'imitare la musica ed il ritmo, e la progressione di questa imitazione, per chi ne avesse le migliori predisposizioni, fino all'attività poetica.[9]

L'uomo quindi è tendenzialmente portato a far uso della retorica (con le sue connotazioni ritmiche, poetiche o musicali), verosimilmente per raggiungere scopi egoistici prima ancora che altruistici. Lo sforzo o *streben* del filosofo consta del canalizzare questa sua capacità nel fine del coinvolgimento filosofico.

---

[9] ARISTOTELE, *Dell'arte poetica*, a cura di CARLO GALLAVOTTI, Fondazione Lorenzo Valla, Arnoldo Mondadori Editore, 1995, p.11.

Pensieri
Graziano D'Urso

PENSIERO N°13

"La retorica è quell'arte per il tramite della quale ci è dato comprendere che l'uomo è manipolabile come l'argilla, ma a differenza dell'ipnosi, il tutto avviene alla luce del sole e nel modo più chiaro e trasparente.

La missione del Filosofo è d'utilizzarla per fini meritori: l'innesto negli intelletti degli uomini dell'amore per la Conoscenza, per lo studio, per la ricerca, per il progresso, per l'evoluzione del pensiero, per lo sviluppo delle idee, per la creazione d'invenzioni, per provocare in tutti un obiettivo miglioramento delle condizioni di vita"

E come il Filosofo deve invogliare la filosofia nel prossimo, ciascuno (anche chi è passivo o destinatario del disimpegno della missione) deve farsi Filosofo dell'altro, ottemperando ad imperativi personali dall'altissimo valore etico. E' indispensabile aderire completamente alla conoscenza (o alla filosofia che qui dir si voglia), per farsi Filosofo del prossimo. La missione per essere perfetta non può prescindere da una propria propensione verso la ricerca: cioè il filosofare.

Non puòsi prescindere dallo studio personale, e questo deve sempre precedere la comunicazione: studiare, ricercare ed imparare per poi insegnare ed educare. Ma insegnare ed educare non solo una conoscenza (in senso parziale, cioè con la "c" minuscola), ma anche il saper ricercare, il saper imparare, il saper studiare, il saper filosofare.

PENSIERO N°14

"Ecco qual'è il percorso per la più cogente adesione al fecondo scibile: studiare a tal punto da saper astrarre ogni principio generale dalle migliori invenzioni a riapplicarlo a qualsiasi altra creazione a piacimento, sì consacrandosi alla più creativa e coinvolgente delle interdisciplinarietà."

Il principio della interdisciplinarietà come un *leit-motiv*, ridonda ciclicamente nel filosofare: ciò consiste nel mutuare il meglio da ogni disciplina per forgiarne di nuove, o mutuare la più utile parte d'ogni disciplina per coniarne di migliori.

Pensieri
Graziano D'Urso

***PENSIERO N°15*[10]**

"Solo conoscendo sapremo davvero scegliere ed essere sì liberi di manifestare la nostra più equa e ponderata preferenza; ma fintantoché non ci saremmo messi in siffatta logica essenziale ciascuna nostra azione può palesarsi esclusivamente a guisa di mero ed aleatorio esperimento forse intuibile ma incerto.

Vuoi dunque davvero che la tua esistenza sia affidata alla sorte?"

***PENSIERO N°16*[11]**

"Arricchisciti di razionale, nuova, fulgente ed intellegibile consapevolezza elevando te ed i tuoi non solo ontologici pari[12] *nella cura della logica, discernendo ragione da allegoria, fugando le metafisiche ermeneusi di quei mistificatori e promotori di desistenza dall'approccio scientifico alla scansione fenomenologica ed analitica della realtà sensibile."*

Chi sono i promotori di desistenza?

Sono coloro che sconsigliano di affidarsi alla Scienza, ed al contrario di affidarsi alla metafisica, all'esoterismo, alle credenze popolari, al sapere medio accettato dalla popolazione anche seppur scientificamente errato, alla superstizione, ad una sterile conformità.

Questi strani figuri sono coloro che lo psicologo James Borg chiama "Gli affossatori": coloro che sconsigliano le meritorietà, con l'aggiunta di commenti sconfortanti, apodittici e connotati da acrimonia.

"*Il Conformismo è il carceriere della libertà ed il nemico della crescita*" disse John Fitzgerald Kennedy (forse richiamando quanto disse Alber Einstein in "*The World as i see it*", nel 1930)[13]. Dino Basili affermò che "Vale

---

[10] Può ravvisarsi qui con un certo margine di lucidità e chiarezza uno dei pilastri dell'orientamento sofiocratico, di cui appresso ampiamente in questo libretto.

[11] Il riferimento cade con certezza non solo verso le credenze scaramantiche e le superstizioni, ma anche verso l'esoterismo: verso chi vuol convincere di possedere le leggi metafisiche di modificazione paranormale della realtà razionale.

[12] La cui limitazione alle sole capacità cognitive od intellettuali è già stata fatta trattazione *supra*, e che si ribadisce a scanso di equivoci.

[13] "Non possiamo pretendere che le cose cambino, se continuiamo a fare le stesse cose. La crisi è la più grande benedizione per le persone e le nazioni, perché

sempre la pena chiedersi se l'anticonformista non sia, semplicemente, uno che ascolta la sua coscienza"[14]. Che mondo sarebbe senza il libero pensiero o senza quegli utopisti, conosciuti meglio col nome di inventori?

Ecco perché *"i giovani soffrono meno per i propri errori che per la prudenza dei vecchi"*[15]. Oscar Wilde con sagacia ed intuito dedusse sulla medesima frequenza d'onda che *"l'uomo più esperiente del mondo non sarebbe stato altro che quello che avesse sbagliato di più"*.

PENSIERO N°17

"Solo ponendosi in atteggiamento d'attento, rispettoso e sincero ascolto, ci verrà donata l'onorevole ed incorruttibile opportunità di carpire quanto di genuino e proficuo l'universo nelle sue multiformi espressioni ha da offrire in tutti i suoi aspetti, sì dissipando l'eterogenea, corrosiva ed obnubilante trama di postulati ancestrali che i pavidi tessono carenti di un qualche fermo suffragio alcuno."

Questo pensiero si ispira molto al passo del Vangelo (Matteo 5,3-12) con riferimento alle Beatitudini: "Beati i poveri in spirito, perché di essi è il regno dei cieli [...]". In accordo con la teoria dell'agire comunicativo di Habermas, e sull'insegnamento di Amato, i poveri di spirito non sono i cretini di cui parla Piergiorgio Odifreddi, ma coloro i quali hanno l'umiltà di ascoltare quanto il prossimo ha da dire, da affermare, da eccepire, da esplicare, da illustrare, senza imporre (con ricchezza di spirito) la propria

---

la crisi porta progressi. La creatività nasce dall'angoscia come il giorno nasce dalla notte oscura. E' nella crisi che sorge l'inventiva, le scoperte e le grandi strategie. Chi supera la crisi supera sé stesso senza essere 'superato'. Chi attribuisce alla crisi i suoi fallimenti e difficoltà, violenta il suo stesso talento e dà più valore ai problemi che alle soluzioni. La vera crisi, è la crisi dell'incompetenza. L' inconveniente delle persone e delle nazioni è la pigrizia nel cercare soluzioni e vie di uscita. Senza crisi non ci sono sfide, senza sfide la vita è una routine, una lenta agonia. Senza crisi non c'è merito. E' nella crisi che emerge il meglio di ognuno, perché senza crisi tutti i venti sono solo lievi brezze. Parlare di crisi significa incrementarla, e tacere nella crisi è esaltare il conformismo. Invece, lavoriamo duro. Finiamola una volta per tutte con l'unica crisi pericolosa, che è la tragedia di non voler lottare per superarla."

[14] Dino Basili, I VIOLINI DI CHAGALL, 1991.

[15] Vauvenargues, RIFLESSIONI E MASSIME, TEA, Milano, 1989, p. 37.

posizione sugli altri (con la esiziale soggezione suggestiva): il poveri di spirito sono coloro che hanno l'umiltà di arrestarsi prima di sentenziare e verificare se possa esserci qualcuno che per i motivi più vari possa esser dotato di una qualche superiore esperienza, o corroborata conoscenza.

I poveri di spirito sono coloro che antepongono l'altrui parola alla propria, dimostrando interesse nelle argomentazioni altrui, ascoltando con concentrazione ed attenzione.

Per esistere dialogo non può quindi mancare né l'empatia degli interlocutori, né la sincerità, quindi la reciproca fiducia e la disponibilità all'ascolto: come afferma James Borg, sintetizzando in una sua importante citazione: *"Il cattivo ascolto è un peccato capitale di cui si rendono colpevoli in molti [...]. La verità è che la maggior parte di noi preferisce parlare anziché ascoltare (e, purtroppo, agisce di conseguenza)."* Lo psicologo Carl Rogers, esperto di comunicazione, riassume così l'importanza dell'ascolto: *"L'incapacità umana di comunicare deriva dall'incapacità di ascoltare e di comprendere efficacemente l'interlocutore"*.

PENSIERO N°18

"Abbi la lucidità di fugare l'umana parzialità trascendendo siffatte ed altre ostative contingenze, perseguendo con merito quell'alterità quale terzietà nella continua indagine dell'obiettivo, del vero, e dell'indefettibile: abbi poi, ancor prima di repellere anzitempo ciecamente e ponderando equamente astrazione e concretizzazione, l'umiltà di far proprie le ragioni di chi ti è accanto provandole sulla tua pelle."

PENSIERO N°19

"Consacra la tua vita al filantropico scibile, alla coltivazione delle idee ed alla cura del pensiero; apporta il tuo più sano contributo agli uomini; non temere di sacrificare il tempo e la materia se corrobori lo spirito: l'eternità ti ricompenserà; va ora, e fa proficui proseliti dell'euristica dell'eunomìa."

PENSIERO N°20

"Esaspera ogni volontà ed ogni tuo vigore nella concreta indagine della verità, nel pedante esperimento delle scienze, nella produzione teleologica d'idee risolutive inconfutabili ai deterrenti incombenti dell'esistenza. Aderisci

a siffatta guisa al dinamico pervenire delle risultanze perfettibili della Sapienza."

PENSIERO N°21

"Poni come naturale sbocco del tuo procedere etico, all'intravisabile orizzonte percepibile della morale di vita, il perseguimento dell'irrefutabilità e dell'infallibilità intellettuale indiscriminatamente comunicabile."

PENSIERO N°22

"Esclusivamente perseguendo il perfettibile contenimento dell'oltremodo esiziale obnubilabilità degli animi provocandone la tendenziale caducazione, si potrà in vero auspicar un plausibile dispiegamento fenomenico della completa condivisione della pura Conoscenza, della libera espressione delle probe e meritorie idee, e dell'evoluzione intellettuale dell'agire comunicativo; ma è pur vero che sol ponendosi in siffatto ordine d'idee se ne potrà ravvisare nel mondo una seppur parziale ma concreta e ragguardevole delibazione."

PENSIERO N°23

"Ciò che di divino risiede nel seno dell'umanità s'innalza ad epifania solo come concretarsi di ragguardevole desiderio di dialettico ed abbisognevole soddisfacimento interminato di sapere."

PENSIERO N°24

"La discrasia fra l'obbiettivo Reale e la Verità - parziale e relativa - subbiettiva è tanto minore quanto maggiore è il bagaglio culturale dell'osservatore, che all'orizzonte dell'irraggiungibile Conoscenza non può che stagliarsi con gli occhi di un infinito Ermeneuta. L'uomo di tutto ciò dovrebbe, ma non se ne cruccia seriamente, poiché s'accontenta di postulare che il percepibile tenda all'irrefutabile, e quella discrasia a nulla."

PENSIERO N°25

"La missione dell'Ermeneuta consta, più che nel lumeggiare quel margine - non poco quantificabile - dell'altrui discrasia sofferta tra l'obbiettivo ed il subbiettivo, nel persuadere la maior pars che il loro della

verità è solo riconducibile a combinato disposto fra oltremodo oziose, relative, parziali ed oltretutto ignave convenzioni."

PENSIERO N°26
"Quando avverrà l'estinzione dell'umanità? Quando non verrà più coltivata la Conoscenza".

Questo precedente aforisma lo si combina col Pensiero N°5 se si prendesse in considerazione le illuminate parole del fisico e filosofo tedesco[16] Albert Einstein: *"Un uomo è vecchio solo quando i rimpianti, in lui, superano i sogni".*

PENSIERO N°27
"E rimembrerai sempre che anche l'innesto del più fecondo ramo comunque presuppone una profonda ferita nel verde tronco, ed in tanto v'è stato il previo sacrificio, in quanto verrà generato il venerando frutto: tanto più aspro l'uno, quanto più pregevole l'altro."

PENSIERO N°28
"Prendicando a guisa di prassi desuende l'ozio, l'inerzia, e l'indolenza, disincentiverai l'ipotrofia intellettuale, seminando negli animi la bramosìa della più creativa delle industriosità; e poiché le liti sorgono laddove non ci si sa esprimere ovvero comportare, estirperai anche l'odio, le violenze, le discriminazioni, le ingiustizie e le iniquità, che son tutti paradigmi sintomatici dell'ignoranza."

L'ignoranza conduce al non sapersi esprimere ovvero al non saper tenere la condotta più opportuna: lo scontro fra chi non si sa esprimere per comunicare all'altro di non aver tenuto un comportamento corretto, ed il travisare le parole di chi non è fornito di un dizionario o di un lessico sufficienti, conduce senz'altro all'incomprensione ed alla lite.

---

[16] Naturalizzato svizzero (per sfuggire alla persecuzioni della Seconda Guerra mondiale), poi divenuto cittadino statunitense (in occasione del progetto Manhattan) . Una sua celebre frase, tratta da una lettera all'amico Carl Seeling, è stata: *"Non ho particolari talenti, sono solo appassionatamente curioso".*

Siffatti episodi ogni giorno solcano la nostra attenzione.

PENSIERO N°29

"In qual foggia meglio puòsi nella temperie della società perfezionar amalgama, se non apprestando la più capillar epurazione della propria etica? Con certezza accogliendo inoltre per ciò ogni suggerimento, e non poter proceder oltre se non tenendo quanto udito in debita considerazione."

Il magistrato Giovanni Falcone, assolutamente cosciente della via che stava coraggiosamente percorrendo nella sua personale lotta alla mafia, ebbe la lucidità di condividere con tutti noi la sua visione di "morale", ciò che in questo libello è etichettata prima come "traguardo" o "procedere etico", poi come "deontica umana", poi ancora come "orizzonte percepibile della morale di vita", e così via.

Il suo lascito intellettuale è quanto segue: *"Un uomo fa quello che è suo dovere fare, quali che siano le conseguenze personali, quali che siano gli ostacoli, i pericoli o le pressioni. Questa è la base di tutta la moralità umana."*

Se un orientamento a questo scritto vuolsi individuare non puòsi eludere la matrice eticizzante, che a *leit-motiv* irrora l'intera trama del testo. Eticità che in connubio con i pensieri positivisti e convenzionalisti del secondo capitolo non posson che generare una cornice a questo libretto che si palesa, e non può esser altrimenti, come di positivismo etico.

Per i discorsi sul positivismo si rimanda alla sua corretta sede; per quanto concerne il vento eticizzante, non puòsi che riferire al dovere intrinseco della natura umana di comunicare al prossimo, e condividere con lui, il sapere già acquisito, e più l'amore per il sapere, al fine di ridurre al minimo l'esternalità negative dovute alla sua assenza.

L'ignoranza s'estrinseca (anche, ma non solo) nel non sapersi esprimere o nel non saper tenere una condotta idonea alla pacifica coesistenza. L'emenda perfezionantesi con la comunicazione dell'amore per la conoscenza, colma siffatte lacune e preclude tali difetti, corroborando anche l'auspicio della pace e dell'obiettivo bene comune. E' proprio Habermas[17] che afferma che il bene comune coincide con la solidarietà

---

17 Jürgen Habermas (Düsseldorf, 18 giugno 1929) è un filosofo, storico e sociologo tedesco nella tradizione della "Teoria critica"

verso l'estraneo. Ed a mio avviso siffatta solidarietà è maturabile solo a seguito di un *iter* di correzione che coincide con il filosofare.

La mia filosofia, ravvisantesi fra le righe di questo scarno e minuto libello, è quella inedita del Coesistenzialismo (esistenzialismo condiviso, esistenzialismo di ciascuno legato l'un l'altro, esistenzialismo concepito *uti universi* e non già *uti singuli*): la capacità di amplificare il proprio quoziente empatico affinché facendosi carico delle altrui esigenze li si comprenda, li si aiuti, non potendo vivere se non con la consapevolezza di vivere con "gli altri", per cui dovendo finalizzare la propria attività verso "gli altri" per vivere felici; comprendere e far comprendere che solo questa è l'unica via: il miglioramento della coesistenza con la reciproca compassione.

Si vive insieme e non da soli.

PENSIERO N°30

"E se razionale palesasi che il gaudio risiede non già nella agognata captazione del bramato o nella clandestina ablazione, ma - in vero - nel sincero probo amare il pacificamente dato, quale caducanda ostatività manifestasi nel non esulare improcrastinabilmente ogni ottemperabilità del Coesistenzialismo?

---

della Scuola di Francoforte (vedi anche: T. W. Adorno, M. Horkheimer, H. Marcuse, E. Fromm). Nei suoi scritti occupano una posizione centrale le tematiche epistemologiche inerenti alla fondazione delle scienze sociali reinterpretate alla luce della "svolta linguistica" della filosofia contemporanea; l'analisi delle società industriali nel capitalismo maturo; il ruolo delle istituzioni in una nuova prospettiva dialogico emancipativa in relazione alla crisi di legittimità che mina alla base le democrazie contemporanee e i meccanismi di formazione del consenso. La sua elaborazione filosofica lo ha visto sempre impegnato nella critica del metodo del conoscere oggettivamente. Questo lo ha condotto sulla via della fondazione di una nuova ragione comunicativa, che egli ritiene possa liberare l'umanità dal principio di autorità. Infatti, considera che solo il paradigma conoscitivo intersoggettivo quale elemento fondativo di una nuova ragione comunicativa va ben al di là di un astratto paradigma della soggettività, di cui peraltro sollecita l'abbandono.

Pensieri
Graziano D'Urso

PENSIERO N°31

"E' davvero lieve gravame quello dell'umanità, d'adempiere al suo onere di Conoscenza: anche il più parvo frammento di scibile si manifesta ad ogni modo superiore di quell'insipido nulla; e mentre a questa responsabilità - riverberantesi nella coscienza - non puòsi eludere a guisa pilatesca, il dolce disimpegno di quella caratterizza di irripetibili connotazioni quell'universo di splendide diversità e qualità che è l'uomo."

PENSIERO N°32

"Gli incombenti dell'esistenza si concretano nel "quantum facitur", se risolverli può esclusivamente suggerircelo la Scienza innalzandosi ad "an facitur", come risolverli è chiamata ad indicarcelo solo l'Arte consacrandosi a "quomodo facitur". Per sciogliere i problemi che l'umanità conosce ci è data la Conoscenza, spetta a noi saperne far miglior uso."

PENSIERO N°33

"La meritorietà della discenza oltremodo s'estrinseca, e non può non anche palesarsene opera migliore, nell'annichilimento dei cardini della coassiale suggestione alle proiezioni d'ignoranza, che ad esizial guisa l'uomo desensibilizzano."

Da qui si intravedono quegli embrioni di sofiocrazia, sciogliendo ora una riserva effettuata *supra*, che hanno investito il Manifesto omonimo ed il cui suffragio teorico è dato dai seguenti pensieri, i quali estendono poi anche la loro portata all'illustrazione delle diseconomie cagionate dall'assenza di conoscenza: quindi come analizzato in altra *sedes materiæ* non solo con riferimento (e non già all'alta cultura) alla cultura generale, ma anche alla alfabetizzazione.

Pur essendo questo un *panphlet* che succede cronologicamente al Manifesto, dal punto di vista logico in verità non può che precederlo. Questo *prequel* si compone non dei soli seguenti pensieri, ma di tutti quelli che hanno ispirato l'intero libello.

L'intento che vuolsi raggiungere è quello di palesare una coerenza nella esposizione del pensiero, tanto che sia quello teorico o che sia politico.

Pensieri
Graziano D'Urso

PENSIERO N°34

"Il terrore e l'angoscia d'esser derisi per la propria dolosa ignoranza su uno o più argomenti, porta naturalmente gl'individui a dichiararsi odianti e repellenti gli stessi argomenti in questione. Alcuni esempi: anarchici, apartitici, apolitici, antiegalitari, antidemocratici, razzisti, xenofobi, anticlericali, blasfemi, atei, etc. Il mondo è uno: sradicatevi dal nocivo relativismo".

PENSIERO N°35

"Basterebbe null'altro che fugare coraggiosamente quelle abominevoli ed esecrande nolontà di annichilire le entropie etiche e sociali, nonché precludere quelle caducazioni psichiche della obsolescienza mentale per vincere ogni volta con la ragionevolezza le ignoranze prodromiche alla nientificazioni dell'eunomìa."

A mio avviso l'odio di qualsivoglia tipologia è un postulato paradigmatico dell'ignoranza: c'è odio dove non c'è il lume e l'umiltà di porsi nelle condizioni di accettare l'esistenza della diversità e del suffragio di essa.

Il conflitto, lo scontro, l'insensibilità, l'emarginazione, la discriminazione, sono tutte le diverse facce dell'assenza di conoscenza, ma è pur vero che l'assenza di queste facce non è già per se stessa sufficiente per aversi la pacificazione o la sensibilizzazione, o l'inclusione, o l'eguaglianza. A tal riguardo Helmut Kohl ebbe modo di affermare che *"la pace deve essere ben più dell'assenza di guerra"*: parole che si commentano da sole.

Ben si comprendere ora perché la missione del filosofo palesasi come infinito *streben*, poiché infinita è al mondo l'ignoranza da combattere. Albert Einstein non esitò ad affermare che due cose sono infinite a suo avviso: l'universo e la stupidità umana. Ma sulla prima affermò anche che avesse ancora dei dubbi.

PENSIERO N°36

"L'ignoranza è un costo che la società non può più permettersi!: l'internalizzazione delle negative esternalità ad essa legata non è una soluzione onesta.

E' necessario un intervento paternalistico d'estirpazione sofiocratica. Non basta l'istruzione obbligatoria. Deve essere coercitiva. Dev'essere cogente, condicio sine qua non *per le Libertà. La missione egalitativa sostanziale non deve lasciare spazio ad eccezioni. La voce della conoscenza dev'essere unanime, dev'essere di tutti."*

PENSIERO N°37

"Il sistema in cui viviamo non è davvero democrazia fintantoché chi amministra il potere non dispone i mezzi per poter conoscere, fra le altre cose di economia e di diritto, di filosofia e di storia, cosa è un "sistema" e cosa è la "democrazia", discernendo le differenze e le distinzioni, la luce dall'oscurità.

Ma chi amministra il potere non potrà mai dispiegare questa disposizione fintantoché questo non sia stato eletto da chi è consapevole di questa esigenza, votando un programma politico, persuasivo, condivisibile, intellegibile ed a ciò predisposto.

Ma un elettorato attivo non potrà mai compiere questa elezione intelligente, questa scelta meditata, questa valutazione politica, fintantoché non vi sia qualcuno che innesti negli intelletti degli uomini questa visione, questa idea, questa esigenza.

E se non c'è questo "filosofo" che insegna, o non sia accolto il suo appello d'innesto di questa luce, nessuno ne comprenderà l'esigenza, nessuna scelta intelligente verrà compiuta, nessun governante sarà premurato da questa necessità di educazione, nessun sistema infonderà le basi della conoscenza."

"Che epoca terribile quella in cui degli idioti governano dei ciechi" disse William Shakespeare, sintetizzando più di quanto io abbia potuto fare il concetto di Sofiocrazia con riguardo tanto all'elettorato passivo quanto a quello attivo, per la quale digressione ed esposizione si rimanda interamente alla lettera del *"Manifesto Sofiocratico"*.

E già in quella sede, e precisamente nel paragrafo rubricato *"Maior aut Sanior pars?"* si ebbe modo di riportare le lucide parole di Winston Churchill, secondo cui la democrazia è il peggior sistema di governo, benché a suo avviso non ne fosse ancora stato inventato uno migliore.

Ma chi ha innalzato questo concetto più di tutti secondo una logica ermeneusi è stato Blaise Pascal: *"Democrazia: non essendosi potuto fare in modo che quel che è giusto fosse forte, si è fatto in modo che quel che è forte fosse giusto."*

Quanti altri aforismi e pensieri, quante altre idee, massime e teorie ci sarebbero a suffragio di quell'eunomìa agognata. Ma non è questa la sede per occupar altro spazio a siffatte logiche ed ispirazioni politiche.

PENSIERO N°38

"L'unica apologetica esegesi d'uopo ravvisantesi nelle plausibili umane eristiche consacrasi a fenomenologica epifania ad esclusiva guisa di dinamica consapevolezza e palingenesi d'autocoscienza."

PENSIERO N°39

"Allieta il credere che un uomo potrebbe esser tutto quanto ciò possa venir a conoscere durante il suo pellegrinar terreno; ma di ciò ad onta, invero ed in fin dei conti, non potendo non esserlo e non potendo esser altrimenti, l'uomo è ciò che sa."

2. Il Filosofo e le ammonizioni: le prediche del *Dàimon* negativo.

Questo secondo Capitolo è dedicato a quella cerchia di pensieri che sorgono dalla percezione dell'uomo mediata da quelle maligne lenti che ne rendono più aspra e spigolosa l'immagine, e non poco distorta la proiezione qu quella retina che qui è la risma.

Karl Kraus[18] non esitò fra i suoi aforismi ad affermare che il diavolo è un ottimista se auspica di poter peggiorare l'uomo. Da Nicolò Machiavelli a Thomas Hobbes puòsi rinvenire la rappresentazione dell'uomo come naturalmente portato al male, alla violenza, alla guerra, a cercare l'amico solo per difendersi dal nemico. E non poco voleva raffinare (per quanto di raffinato possa trovarsi nella nausea) questa idea Jean-Paul Sartre nell'affermare che il nostro inferno sono gli altri.

Affondano qui e ora [spero non troppo (ma forse tenere in vita questa speranza null'altro è che mentire a me stesso)] nella più profonda rassegnazione e nel paventato nichilismo i pensieri del *Dàimon* negativo, a cominciare dalla visione relativistica della natura dell'uomo, trovando purtroppo non poco suffragio in molti autori citati, passando per il pessimismo, il nichilismo e l'esistenzialismo.

PENSIERO N°40

"E quando capirai che gli uomini sono solo effimeri granelli di sabbia trascinati convulsamente dall'insensibile vento dell'eternità, intenderai anche che la tua straordinaria intuizione non è dissimile dal più parvo ed inutile verso di fiera nel deserto; ma prima di farti irrorare per ciò dalla più inconcludente angoscia realizzerai che l'unico modo per sfuggire a cotale tragico oblio è semplicemente null'altro che vivere."

---

[18] Karl Kraus (Jičín, 28 aprile 1874 – Vienna, 12 giugno 1936) è stato uno scrittore, giornalista, aforista e autore satirico austriaco. Saggista, aforista, commediografo e poeta, viene generalmente considerato uno dei principali autori satirici di lingua tedesca del XX secolo, ed è noto specialmente per le sue critiche taglienti alla cultura, alla società, ai politici tedeschi ed alla stampa.

Pensieri
Graziano D'Urso

Il XIV Dalai Lama[19] ha pronunciato un'esortazione che richiama in pochissime parole quanto contenuto nella parte finale del pensiero precedente: *"Impegniamoci a riconoscere la preziosità di ogni singolo giorno"*. Vivere è qualcosa di più del limitarsi allo "stare", all'"esserci": significa esperire le qualità caratterizzanti di uomo site in ciascuno degli esseri umani, condividendo col prossimo, oltre ai sentimenti, quanto di probo, meritorio e proficuo c'è nello spirito di ciascuno.

Oscar Wilde al riguardo, certamente con la delicatezza della quale in un certo qual modo chi scrive difetta, ebbe la lucidità di affermare: *"Vivere è la cosa più rara al mondo. La maggior parte della gente esiste. E nulla più."*

Jean-Paul Sarte non esitò ad affermare che "*la vita non ha senso a priori. Prima che voi la viviate, la vita di per sé non è nulla; sta a voi darle un senso, e il valore non è altro che il senso che scegliete.*"[20]

In questo *panphlet* "vivere", come si avrà avuto modo di intuire, contiene interamente la missione del filosofo, e ciò perché – come disse il grande Maestro Dante – *"fatti non fummo per viver come bruti, ma per seguire virtù e coscienza."*

Senza dover raggiungere in questa sede le estreme, ma non certo incondivisibili, conclusioni di Soren Aabye Kierkegaard, secondo cui la massa è ignorante (mentre al contrario l'intelligenza spetta solo al singolo) e che la maggior parte degli uomini vive nella mediocrità (senza conoscere mai la condizione o lo *status* o la connotazione del genio), puòsi invece richiamare, a suffragio della continenza di cui *supra*, qui la sagace osservazione di Leonardo Da Vinci, secondo cui l'uomo medio "*guarda senza vedere, ode senza ascoltare, tocca senza percepire, mangia senza gustare, si muove*

---

[19] Tenzin Gyatso, nato Lhamo Dondrub (Taktser, 6 luglio 1935), è un monaco buddhista tibetano, XIV Dalai Lama, premio Nobel per la pace nel1989 ed esponente della dottrina della nonviolenza. Una sua celebre citazione è stata: *« Quello che mi ha sorpreso di più negli uomini dell'Occidente è che perdono la salute per fare i soldi e poi perdono i soldi per recuperare la salute. Pensano tanto al futuro che dimenticano di vivere il presente in tale maniera che non riescono a vivere né il presente né il futuro. Vivono come se non dovessero morire mai e muoiono come se non avessero mai vissuto. »*

[20] Jean-Paul Sartre, L'ESISTENZIALISMO E' UN UMANISMO, pag. 104.

senza essere cosciente del suo corpo, inala senza accorgersi degli odori e delle fragranze e parla senza prima pensare"[21].

PENSIERO N°41

"Cosa differenzierà mai la psiche da un qualunque metallo? In verità nulla!

Anch'essa è malleabile, riducibile in lamine sottilissime, la si può contorcere, polverizzare, fondere...

Tutto sta nel trovare la temperatura d'interesse."

PENSIERO N°42

"L'invidia è capace di trasformare la gente con implicazioni talmente terrificanti da supporre che la persona in questione sia stata sostituita da uno spirito maligno volto tendenzialmente alla disgregazione sociale.

Le conseguenze dell'atto d'invidia non hanno misura se non valutate in costo sociale.

Questa, annoverata fra i peccati capitali, è innata, e ha i suoi risvolti dacché esiste l'uomo, e ne avrà finché l'uomo esisterà."

PENSIERO N°43

"E quando capirete che il mondo è uno, e che tutte le regole scientifiche vi si applicano indipendentemente dal fatto che le conosciate o meno, e che a tutte le domande passate, presenti e future fu già stata data esauriente risposta ancor prima delle loro formulazioni, sarà ormai troppo tardi."

PENSIERO N°44

"Ecco che lo spirito maligno allora sentenziò: sarai condannato ad avere le più lucide intuizioni, a conoscere le scienze e le arti, a formulare continuamente teorie, a realizzare invenzioni geniali, ma non verrai compreso, sarai allontanato, e disconosciuto dai tuoi simili. Non potrai dir nulla, né esplicare, né controbattere, né replicare: tutto verrà ribaltato contro di te. La luce sarà la tua oscurità."

---

[21] James Borg, PERSUASIONE, pag. XIV

PENSIERO N°45

"La tragedia dell'uomo è il naufragar nel mare delle incomprensioni, quando ai remi stanno i sordi, alle vele stanno i muti, ed al timone stanno i ciechi, nelle coste eterogenee dei fiordi e frastagliate dei sofismi, fra i nuvoloni neri e spaventosi dell'eristica".

PENSIERO N°46

"Esiziale palesasi il barcamenarsi fra sedicenti orientamenti politici, campagne demagogiche, contenziosi populisti, coacervi di lotte sociali e conflitti di classe, nell'esecranda consacrazione di individui o di fatti a simulacro. Ci si pone in verità la sfida eterna d'avere il lume e l'umiltà di rimettere la nostra fiducia nelle mani della Conoscenza: in fondo si tratta solo d'interiorizzare e comprendere l'inequivoca esigenza di non sacrificare la Scienza sull'altare della Storia o degli eventi."

Cosa vuol dire *"consacrazione di individui o di fatti a simulacro"*? Credo che la risposta vada da ricercarsi nelle parole di Eleanor Roosevelt: "Grandi menti parlano di idee, menti mediocri parlano di fatti, menti piccole parlano di persone".

PENSIERO N°47

"Avrei voluto vivere l'utopia d'esistere in un mondo ove la lingua d'uso fosse stata quella presuntuosa scienza che risolve i problemi, che la moneta corrente fosse quella distaccata economia che produce l'efficienza, che il rapportarsi fra gli uomini fosse quel duro diritto che dispiega l'equità e la pacifica coesistenza, senza prescindere da fondamento nè trascendere da suffragio..."

PENSIERO N°48

"...Invece vivo in un mondo di inopinabilità opinate, anatemi casuali, sconcertanti opportunismi, aberranti giustificazioni, critiche random, discrasie concettuali, coercizioni psichiche, soggezioni sofistiche, meditata irragionevolezza, comoda irrazionalità, lucida follia, consapevole dolosa ignoranza e ben elaborata illogicità."

Pensieri
Graziano D'Urso

"La paix vaut encore mieux que la veritè" disse Voltaire: la pace è preferibile alla verità.

PENSIERO N°49

"Ergo è disutile che ci si prenda in giro: la Realtà è all'uomo, se non in misura - ancorché illusivamente - trascurabile, inevitabilmente intangibile. Il resto si compone null'altro che di conati, anche seppur meritori e probi, di più o meno divulgata (supposta) scienza privata."

PENSIERO N°50

"Se il Diritto dovesse ogniqualvolta soddisfarsi della certezza assoluta ed indefettibile, probabilmente non ci sarebbe mai giustizia: ecco perché si accontenta spesso ed inevitabilmente di quella più convincente."

PENSIERO N°51

"La discrasia fra l'obbiettivo Reale e la Verità - parziale e relativa - subbiettiva è tanto minore quanto maggiore è il bagaglio culturale dell'osservatore, che all'orizzonte dell'irraggiungibile Conoscenza non può che stagliarsi con gli occhi di un infinito Ermeneuta.

L'uomo di tutto ciò dovrebbe, ma non se ne cruccia seriamente, poiché s'accontenta di postulare che il percepibile tenda all'irrefutabile, e quella discrasia a nulla."

PENSIERO N°52

"La capacità di progredire è inversamente proporzionale alla lentezza con la quale si prende atto di non esser in grado di confutar le ontologiche e teleologiche ermeneusi - in vero tanto definitive e risolutive quanto il costume - del rapporto che lega esser e dover essere."

PENSIERO N°53

"La missione dell'Ermeneuta consta, più che nel lumeggiare quel margine - non poco quantificabile - dell'altrui discrasia sofferta tra l'obbiettivo ed il subbiettivo, nel persuadere la maior pars *che il loro della verità è solo riconducibile a combinato disposto fra oltremodo oziose, relative, parziali ed oltretutto ignave convenzioni."*

PENSIERO N°54

"Forse sarebbe opportuno chiedersi fin a che misura lumeggia e galvanizza l'euristica, il concludere che la Verità null'altro è che il combinato disposto comune tra miopi comode individuali ermeneusi".

E' proprio il pensiero che precede, come anche la seconda parte di quello che segue, che fondano il positivismo di cui fu postulata la riserva di cui *supra*, e che qui si intende sciogliere. Non so se ciò fa di me un idealista in senso fichtiano, un sofista od un relativista (spero non un nichilista), ma tutto ciò che ci circonda non è alieno, nel senso proprio del termine[22], fintantoché l'umanità non lo ha accettato come esistente: questa accettazione si palesa come una più o meno ancestrale deliberazione (sociale o mentale): la nostra natura non è che una convenzione. Tutto è frutto di una scelta (umana o divina che sia) e nulla è lasciato al caso.

Sul letto di morte Albert Einstein pronunciò la seguente frase, concludendo così la parabola del suo ineguagliabile genio: "Dio non gioca a dadi".

Le verità non vengono accettate dalle generalità dei consociati con semplicità, anzi: il più delle volte le verità vengono contrastate, allontanate, con l'intento di ammutolirle e caducarle. Non tutto viene accettato ed accolto come vero, come condivisibile: spesso viene deriso e canzonato.

Arthur Schopenhauer affermò tra l'altro che *"la verità passa per tre gradini o tre fasi: prima viene derisa, poi aspramente criticata, in fine viene accettata come da sempre ovvia"*. Mi permetto di aggiungere che non tutte le verità completano la scalata.

Da cosa dipende questa scalata? Dalla persuasività del comunicatore, dalla condivisibilità dell'idea, dalla sua provenienza, dalla sua applicabilità, dai suoi presupposti, dalla disponibilità ad ascoltarla da parte degli interlocutori, gli individui coi quali si dialoga.

---

[22] Alieno in senso proprio è ciò che viene disconosciuto dall'uomo, ciò che non viene condivisibilmente accettato come esistente (o comunque pensabile se non propriamente conoscibile), qualcosa totalmente, assolutamente ed irrevocabilmente estraneo alla natura delle cose: secondo questa ermeneusi quindi gli extra-terrestri non sono a noi alieni.

Pensieri
Graziano D'Urso

Nella triade di ammonizioni seguenti, la prima parte del primo pensiero, come anche in generale gli altri due, vengono richiamate pienamente le parole che George Orwell pronunciò al riguardo: *"In un momento di menzogna universale, dire la verità è un atto rivoluzionario."* Da ciò non può che ravvisarsi quella consuntiva relatività del desiderio di giustizia e di verità assoluta che l'uomo brama.

PENSIERO N°55

"Bada bene e riguardati dal ritrovarti ad esser per combinazione o per volontà un isolato giusto in un mondo di tragici sbagliati, poiché ivi il reale erratico non potrai che esser solo tu: qualsivoglia fattezza non è che - condivisibile o meno che sia - umano frutto di convenzione e verosimilmente lo è finanche la tua medesima esistenza."

PENSIERO N°56

"Bada bene e riguardati dall'esprimere ed esteriorizzare ciò che non sia d'agevole comunicazione benché proficuo e meritorio, in quanto potresti esser tacciato di superbia, poiché siffatta tua condotta si concreterebbe come cagionevole della (ancorché) consapevolezza dell'altrui ignoranza."

PENSIERO N°57

"Bada bene e riguardati dal conferire le redini a chi dei pochi sa idoneamente e tecnicamente manovrare ciò che si palesa governando, poiché verrà visto in vero da tutti gli altri come inaffidabile, o inopportuno, o inadeguato, o incompetente: destino questo che colpisce insensibilmente tanto il designato, quanto il designante."

PENSIERO N°58

"Non paventar di germogliare anche solo il più innocuo dei pensieri, poiché anche la quercia più possente o la foresta più florida non posson che derivar verosimilmente dal più trascurabile seme. Ma rammenterai in vero che analogicamente anche il più catastrofico ed apocalittico incendio può scaturir quindi dalla più insignificante scintilla: tutto pertanto dipende dalle probe intenzioni e dai genuini presupposti."

PENSIERO N°59

Pensieri
Graziano D'Urso

"Eppure basterebbe fregiarsi di quell'ulteriore senso, in vero non alieno, che porta il nome di Conoscenza, capace quantunque d'estendere la propria percettività a quell'altre cagioni di nocumento, per una buona volta guardarsene e non esser da siffatte spire attirati, coinvolti e lesi."

PENSIERO N°60

"L'umanità si concreta in un'unica entità, la quale in verità ha il divino dono dell'autocoscienza e della ragione.

Ad illimitata guisa però i popoli ne hanno spesso perduto di vista l'utilizzabilità, favorendo sì più o meno estese ed obnubilanti polarità di suggestione.

Trattasi di poli sofistici dalla radiante tumorale indole che imbrigliano ancor le masse, ed a ragion del vero a compiante implicazioni inevitabili."

PENSIERO N°61

"In quelle articolazioni paradigmatiche e distratte ed in quelle convulse ramificazioni infinitesimali che son reticolazioni ambigue di meandri e labirinti della umana suggestione, della indolenza al vero ed alla angoscia alla Conoscenza, perdersi non può che palesarsi ad imbarazzo di vilmente stentata e pilatesca nichilistica delibera."

PENSIERO N°62

"Ed in quel brevissimo istante privo di gravità alcuna in cui sei lanciato oltre il blu del cielo fino al punto di ravvisare la curvatura del pianeta, prima ancora di estinguerti al suolo, avrai l'istantanea possibilità di capire che le tue conoscenze non son altro che concrezioni di sillabe ed ombre di pallidi fonemi in un universo che di tutto si compone, tranne che - se non trascurabilmente - di parole."

Una elegante parafrasi del pensiero di J.K. Galbraith si sintetizza in: "Il mondo si divide in due: quelli che non sanno e quelli che non sanno di non sapere". Ciò richiama non poco Platone, nelle parole che questi attribuiva a Socrate: "Sembra dunque che per questo particolare io sia più saggio di quest'uomo, poiché non m'illudo di sapere ciò che non so!"[23], a sua volta più accessibilmente parafrasato in "so di non sapere".

Un detto portoghese recita, in merito alla conquista della saggezza, che l'evoluzione di un saggio ha come destinazione il non cessare mai di porsi domande: ben si comprende come la saggezza consista pertanto nel prendere atto che è talmente ampia la scienza, che nei confronti di essa non può porcisi - sempre e comunque - che col punto di domanda, verosimilmente anche quando si presuma di aver già colto molto della verità. Baltasar Graciàn affermò che *"certuni sarebbero saggi, se non fossero persuasi di esserlo."*

Il punto interrogativo è il fine ultimo del saggio, la tappa per cui passa colui il quale diventare vuole Filosofo; ma l'interrogativo, proprio per la sua natura eterea ma contemporaneamente anche grave, è l'arma più utile nell'eristica.

PENSIERO N°63

"E' vero: l'esclamazione è con certezza un diretto affondo nell'argomentazione dell'avversario; ma si rischia così con l'esporre oltremodo ed ad esizial foggia il fianco. E', invece a mio avviso, altrettanto vero che nulla è più piacevole e gentile della disarmante ma non rischiosa interrogazione: di fronte ad un punto interrogativo l'uomo è pacificamente vulnerabile."

Il più onesto atteggiamento o la più meritoria condotta dell'uomo, per farsi Filosofo (o Ermeneuta, o Retore, o studioso in generale) è quello o quella di persuadersi che bisogna scardinare la propria corazza di convinzioni ponendole in un piano secondario, brecciando fra di esse, e collocando in posizione prioritaria ciò che proviene dall'esterno, frutto dell'ascolto e della lettura, dello studio e della visione, con pura ed onorevole, devota ed incondizionata umiltà, e ciò semplicemente perché di fronte alla Verità obbiettiva le nostre conoscenze non sono nulla: nulla di finito e spurio può essere paragonato all'infinito ed al puro.

Il mondo del diritto, che è scienza giuridica, sa bene che la verità assoluta o obbiettiva non è di questo mondo, a tal punto da considerarlo

[23] Platone, APOLOGIA DI SOCRATE, 6.

caposaldo delle discipline processuali civili, penali ed amministrative. In sintesi: ciò che noi chiamiamo verità, non solo è qualcosa di soggettivo (quindi relativo), ma è anche qualcosa di parziale e non totale: non conosciamo tutta la verità, ma solo quella accessibile, e di quest'ultima abbiamo solo (purtroppo) una decodificazione soggettiva.

Esistono tante realtà quante sono le ermeneusi della verità, e, quindi, quante sono i Filosofi: tutti vorrebbero che tutto fosse come disse Hegel, ma fin troppo in fine si finisce per accontentarsi oziando nelle parole di Schopenhauer.

PENSIERO N°64

"Ma come puoi ancor pretender, d'innanzi a siffatta disarmante Verità, di sentenziare sì pretestuose inferenziali non più che pleonastiche ermeneusi, se dei sensi per intellegerne tutt'al più le proiezioni, tuttor spaventosamente in ver difetti?"

Aristotele indica nell'ultimo capitolo dei Topici di non disputare con il primo arrivato, ma solo con coloro che si conosce e di cui si sa che hanno intelletto sufficiente da non proporre cose tanto assurde da esporli all'umiliazione; e che hanno abbastanza intelletto per disputare con ragioni, e non con decisioni perentorie, e per ascoltare ragioni ed acconsentirvi; e, infine, che apprezzano la verità, ascoltano volentieri buone ragioni anche quando provengono dalla bocca dell'avversario e siano abbastanza equi da sopportare di ottenere torto quando la verità sta dall'altra parte[24], senza quindi spingersi a quell'eroico *streben* di missione persuasiva circa l'amore per la conoscenza di cui questo libello di fa vessillo.

PENSIERO N°65

"Esperendo quelle brame di sapere, non sarai giammai proclive più ad ottemperarne il fine, e finché avrai fiato ti sarà tartassato l'animo da incessanti, consuntivi ed inauditi rogiti d'euristica."

---

[24] Arthur Schopenhauer, L'ARTE DI OTTENERE RAGIONE, pag. 66.

3. La dialettica e l'articolazione triadica di Hegel: i tre massimi sistemi filosofici dell'idealismo

In questo capitolo (sciogliendo una riserva che aprì laddove indicai la missione del filosofo come sintesi fra le prediche e le ammonizioni dei due *Dàimones*), voglio delineare la genesi della struttura dialettica dell'articolazione triadica elevata ai suoi massimi livelli con Georg Hegel, che elaborando il pensiero e sintetizzando i sistemi dei suoi predecessori, portò all'apice della completezza l'intero idealismo.

Con ciò non voglio descrivere i caratteri dell'idealismo o delle sue sfumature interne, ma voglio spiegare come è nata l'articolazione triadica, e come divenne manifesto stesso dell'idealismo assoluto.

E' quindi innegabile il merito al filosofo di Stoccarda, non di aver creato una filosofia giustificatrice della religione e prostituta del sistema (come malignamente la considerò Ludwing Feuerbach), ma di aver raccolto l'intero pensiero idealista che va da Immanuel Kant, come profeta e predecessore di questa corrente, a Fichte, a Schelling, senza precludere ai pensieri di altri due grandi della speculazione filosofica quali Platone e Spinoza.

Sta quindi nell'*Aufhebung* hegeliano il segreto della dialettica articolazione copertina dell'idealismo, non semplice pensiero di questo filosofo, ma sunto del pensiero di giganti sulle cui spalle si è poggiato lo stesso Georg Hegel per formulare il suo pensiero, non senza correggere alcune imperfezioni interpretative dei suoi predecessori.

Egli stesso pose nella sua articolazione triadica l'idealismo di Fichte come tesi, quello di Schelling come antitesi, ed il proprio come sintesi, anche se la reale articolazione triadica vuole abbracciare altri tre elementi: trattasi dei tre massimi sistemi filosofici, che sebbene ispirati qui da Fichte e Schelling, hanno radici ben più profonde.

Nella "Prima introduzione alla dottrina della scienza" (1797), Johann Fichte affermò che idealismo e dogmatismo sono gli unici due sistemi filosofici possibili, quindi la scelta del filosofo consta nel sacrificare l'autonomia dell'io a quella della cosa (dogmatismo) o viceversa (idealismo), poiché l'idealismo consiste nel partire dall'io, o dal soggetto, per poi spiegare, su questa base, la cosa o l'oggetto; viceversa il dogmatismo consiste nel partire dalla cosa in sé, o dall'oggetto, per poi spiegare su questa base, l'io o il soggetto.

L'imperfezione di Fichte sta nell'unificare in un unico senso il concetto di cosa e di cosa in sé, poiché si riferisce a quest'ultima come oggetto. Da Kant ereditiamo le definizioni di fenomeno e noumeno, dove il fenomeno è ciò che è presente all'interno delle coordinate spazio-temporali, a cui sono applicabili le scienze matematiche e fisiche e le dodici categorie; il noumeno è ciò che si trova al di fuori di tali coordinate, che è semplicemente pensabile, ma non conoscibile poiché non presente nel palcoscenico fenomenico dove la coscienza dell'io-penso fa da spettatrice. E dal momento in cui nel fenomenico agisce l'oggetto o la cosa, e nel noumenico agisce Dio o la cosa in sé, non è permissibile confondere palcoscenico con il dietro-le-quinte, materia sensibile con idea pensabile, oggetto con concetto.

Lo stesso Fichte si accorge che questa interpretazione non soddisfa e non è sufficiente poiché nessuno di questi due sistemi riesce a confutare direttamente quello opposto, in quanto non può fare a meno di presupporre, fin dall'inizio il valore del proprio principio (l'io o la cosa in sé). Questa confusione di Fichte è riscontrabile anche nella sua dottrina morale, in cui andando a sostituire alla "postulazione kantiana di un Dio al fine morale" un non-io come ostacolo da superare, facendosi forte dell'insegnamento del filosofo di Konigsberg, il quale asseriva che non c'è attività morale laddove non ci sia una sforzo (*Streben*); e non c'è uno sforzo laddove non ci sia un ostacolo da vincere. Tale ostacolo è quindi per Fichte il non-io, nell'accezione materiale tralasciando il divino.

E' pertanto talvolta oscuro se con non-io Fichte voglia identificare la sola materia, oggetto, cosa, oppure a queste voglia sommare la cosa in sé, il noumenico, il divino, quindi racchiudere in un sol termine tutto ciò che sia diverso dall'io, quindi cosa e cosa in sé, pertanto i due sistemi filosofici di Fichte vanno rielaborati e completati, poiché peccano d'imprecisione logica, oltre che non assimilabili dalla tradizione kantiana.

Distanziandosi, ma non eccessivamente, da Fichte, Friedrich Schelling ammette due possibili direzione della ricerca filosofica: l'una, il naturalismo spinoziano, che è diretto a mostrare come la natura si risolva nello spirito; l'altro, l'idealismo fichtiano, diretto a mostrare come lo spirito si risolva nella natura.

Più cauto di Fichte, egli si accorge già da subito che una pura attività soggettiva (l'io di Fichte) non potrebbe spiegare la nascita del mondo naturale, e che un principio puramente oggettivo (la sostanza Spinoziana) non riuscirebbe a spiegare l'origine dell'intelligenza e dell'io.

Schelling giunge alla conclusione che il principio supremo dev'essere quindi un assoluto o Dio che sia insieme soggetto e oggetto, ragione e natura; ciò che sia l'unità, l'identità o l'indifferenza di entrambi, aggiungendo che l'io o lo spirito è la stessa natura conscia, e viceversa la natura non è che lo spirito inconscio.

Esiste quindi un "anima del mondo" che è la stessa "intelligenza auto creatrice" che nella natura si manifesta come conato fallito di una riflessione a se medesima, e che nell'uomo invece dopo un "odissea" dello spirito torna presso di sé.

Qui sorge lo stesso problema strutturale che era sorto per Fichte, poiché a differenza del primo riconosce che l'io non può spiegare la cosa, e viceversa, ma pone soggetto ed oggetto identici nel concetto di Assoluto o Dio, quindi supponendo un dogmatismo di base.

A questo punto come viene identificata "l'intelligenza auto-creatrice" o Assoluto o Dio? O per meglio dire, abilmente elusa dal filosofo, la cosa in sé?

Poiché dicendo che se tutto consta nell'io si parla di idealismo in senso stretto o Fichtiano, se tutto consta nella cosa si parla di naturalismo sostanziale o spinoziamo, e se tutto consta in un Assoluto o Dio si parla di dogmatismo.

Mettendo momentaneamente da parte la risoluzione della natura nello spirito, e dello spirito nella natura, mossa da Schelling, ci troviamo davanti a tre sistemi filosofici: uno in comune tra Fichte e Schelling (l'idealismo in senso stretto), uno enunciato da Spinoza e ripreso da Schelling (naturalismo), ed uno intuito da Fichte ma che meglio si rifà a filosofie classiche greche e medievali cristiane (platonismo e dogmatismo).

Abbiamo riscontrato così un gruppo di sistemi adesso completato dalla coniugazione di Fichte, Schelling e la filosofia classica dove troviamo:

- l'idealismo che muove dall'io o dallo spirito per spiegare la cosa e la cosa in sé;
- Il naturalismo che muove dalla cosa o dalla natura per spiegare l'io e la cosa in sé;

• Il dogmatismo che muove dalla cosa in sé o Dio per spiegare la cosa e l'io.

Immanuel Kant, nella sua filosofia in generale, e nella "Critica della Ragion pura" (1781) nello specifico, individua gli elementi della conoscenza e della speculazione dell'uomo.

Pone come osservatore della realtà, autocoscienza, legislatore della natura, filosofo razionale l'io-penso. Pone come ambito in cui l'io-penso conosce tramite le scienze matematiche e fisiche, le coordinate spazio-temporali il fenomenico, e altresì il luogo fuori da tali coordinate dove la ragione umana non può più agire e giudicare, pensabile ma non conoscibile, il noumenico. Questi tre elementi sono i cardini della sua filosofia, poiché su questi si basa la sua speculazione, e adesso diverranno le fondamenta della nostra.

Credo sia questa la sede più opportuna per inserire il terzo pensiero di questo scritto:

PENSIERO N°66

"Ciò che Kant chiama pensabile ma non conoscibile, io non posso che chiamarlo intuibile ed osticamente conoscibile: il fatto che il noumeno resti per noi un mistero non è da imputarsi alla sua natura intangibile, ma alla nostra natura limitata. Tutto è fenomeno, finanche il Creatore!

Ma l'uomo, storicamente ed antropologicamente egoista ed ipocrita, ha giustificato questa sostanziale propria incapacità con una meno sgradevole e caina impalpabilità di ciò che non si vede.

L'uomo ha trasferito il frutto di una propria disabilità in capo a ciò che non poteva difendersi dalle accuse, condannando sì l'imputato a non-esistere.

Questo naturale e doloso disconoscimento da parte dell'uomo è sempre esistito e sempre esisterà, anche a fronte di rivelazioni tangibili, occasionali e non, all'uopo verificatesi per scongiurare questa maledizione che è l'ignoranza."

Ritornando alla nostra trattazione, poniamo in associazione all'io-penso kantiano tutti quei sinonimi fin'ora riscontrati, come: io, io finito, spirito, uomo, soggetto, anima, etc., elementi dell'idealismo. Poniamo al fenomenico kantiano tutti quei sinonimi fin'ora riscontrati, come: natura, sostanza, materia, oggetto, cosa, etc., elementi del naturalismo. Poniamo in fine al noumenico kantiano tutti quei sinonimi fin'ora riscontrati, come: Dio, Assoluto, Concetto, Dogma, cosa in sé, idea, etc., elementi del dogmatismo.

Abbiamo trovato così già a partire da Kant gli elementi costitutivi dei tre massimi sistemi distillati dal pensiero di questi filosofi, successivi allo stesso Kant. Queste solide basi ci portano adesso a formulare, seguendo maggiormente l'esempio di Schelling che quello di Fichte, una concezione filosofica basata su tre sistemi, quali: idealismo, naturalismo e dogmatismo.

Ma come facciamo a capire qual è il sistema reale, quale fra questi non è fallace, quale di questi è il reale sistema da seguire, qual è più veritiero, quale ha più solide basi razionali e logiche, chi in vero è l'orologiaio di tutto: l'Uomo, la Natura o Dio? La risposta sta nella coniugazione di questi tre massimi sistemi: con l'Articolazione triadica.

Adesso raccogliamo tutti gli elementi del dogmatismo, per semplicità, in un unico termine: Idea (riferendoci al noumenico, al mondo delle idee, all'astrattismo, al trascendente); allo stesso modo raccogliamo tutti gli elementi del naturalismo in un unico termine: Natura; e così anche per l'idealismo: Spirito. Una volta raccolti in tre elementi sintetizzati nei nostri tre massimi sistemi possiamo ben riconoscere l'articolazione triadica che Hegel aveva costituito per il suo pensiero filosofico, che attraverso la dialettica e l'*Aufhebung* faceva divenire l'uno nell'altro secondo lo schema di Tesi, Antitesi e Sintesi. Riscontriamo come Hegel volesse far divenire questi tre sistemi in modo dinamico e connesso, scrivendo per l'appunto componimenti per i diversi elementi rispettivamente: Logica per l'idea; Filosofia della natura per la Natura; Filosofia dello spirito per lo Spirito.

Ma a questo punto notiamo un particolare interessante che ad un occhio vigile e preparato non può sfuggire, riscontrabile dai rapporti tra questi elementi: il rapporto che intercorre tra Idea e Natura, cosa in sé e cosa, concetto ed oggetto, noumeno e fenomeno, trascendente ed immanente, non sono che la conoscenza, gli ambiti dove il agisce il pensiero umano, pensandoli entrambi ma conoscendone solo uno, il fenomenico; il rapporto che intercorre tra Spirito e Idea, tra l'io-penso e Dio, tra l'io ed il noumeno, tra l'essere pensante ed il dogma non è che la morale, poiché l'uomo agisce in funzione di un bene che è riscontrabile non sulla terra (stoici ed epicurei) bensì nel trascendente, in Dio, nel noumeno, nell'aldilà; il rapporto che intercorre tra Spirito e Natura, tra l'io-penso e la cosa, tra il

L'ARTICOLAZIONE TRIADICA E CIRCOLARE DELL'ASSOLUTO

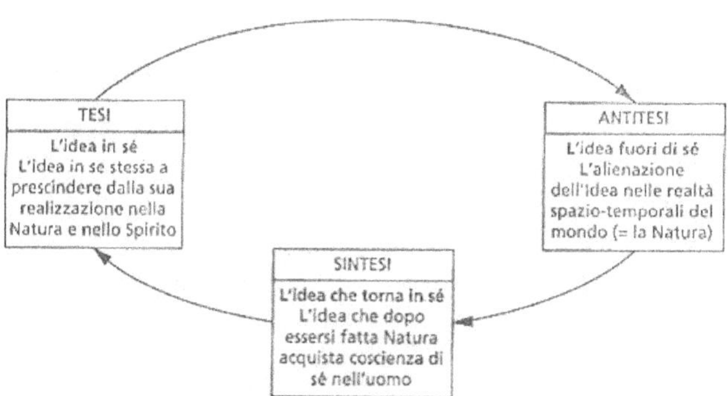

soggetto e l'oggetto, tra l'uomo ed il mondo non è che il giudizio, il sentimento, la sensazione più o meno piacevole, bella, sublime.

A questo punto notiamo come Immanuel Kant aveva profetizzato questa articolazione andando ad interporre tra gli scritti "ad hoc" composti da Hegel, gli scritti di rapporto fra tali elementi che sono rispettivamente: la "*Critica della Ragion Pura*" per il pensiero e la conoscenza, la "*Critica della Ragion Pratica*" per la morale, e la "*Critica del Giudizio per il giudizio*" ad il sentimento.

Notiamo come alcuni pensatori si siano posti precisamente in determinati sistemi: Fichte (Idealismo), Spinoza (Naturalismo), Platone a padri della chiesa (Dogmatismo). Alcuni si siamo interposti tra due sistemi, ed il nostro caso più rilevante è Schelling (tra Idealismo fichtiano e Naturalismo spinoziano). E notiamo come Kant non abbia preso posizione, ma si sia limitato a descriverne i rapporti, e come Hegel abbia difeso la sua struttura triadica definendone ogni suo elemento costitutivo.

Immanuel Kant non poteva conoscere, per questioni cronologiche, il pensiero hegeliano, ma nonostante ciò il suo pensiero è perfettamente intersecante con quello hegeliano.

Georg Hegel forgiò tutta la sua speculazione sull'articolazione triadica, e come aveva anticipato Schelling, pose quest'energia propulsiva di "anima del mondo" potenza auto-creatrice nell'idea concreta e penetrante nella realtà come verità razionale, idea poi dispiegantesi nel fenomenico costituendolo e dandogli una forma, delle qualità, delle quantità, delle relazioni, ma non una coscienza, che solo con la concretizzazione della natura nell'uomo poteva rivelarsi a se stessa divenendo autocoscienza, e una volta che tale avesse compreso tutto questo divenire (*panta rei*), abbia costituito infine con Hegel l'articolazione triadica.

Non è difficile intravedere tra questa struttura dinamica la stessa Santissima Trinità: Padre, Figlio e Spirito Santo, un Idea pura (Dio) che si dispiega nella natura (Cristo), e da essa si concretizza nello spirito dell'uomo (Spirito Santo), che fosse intenzionale o meno dal filosofo di Stoccarda, per giustificare razionalmente la presenza del divino della religione cristiana.

In ogni caso, la critica mossa su questa articolazione hegeliana, non è che una critica mossa all'intero idealismo, poiché l'atto di Hegel non è stato

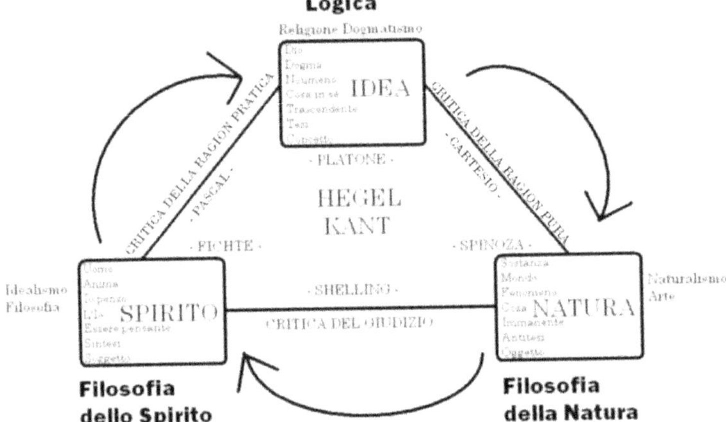

che di togliere e conservare (*Aufhebung*), di raccogliere tutto il pensiero precedente, profetizzato da Kant, esplicitato da Fichte, elaborato da Schelling e concluso da egli stesso.

Non è un caso che filosofi successivi all'idealismo fossero rimasti influenzati in modo conscio o meno da questo processo dinamico; basti pensare all'interpretazione del noumeno di Schopenhauer, come rivelazione della volontà di vivere a sé stessa, che da mistero avvolto dal velo di Maya si fa riscontrabile all'uomo e nell'uomo.

Pensieri
Graziano D'Urso

Proprio sulla tangibile razionalità e ragionevolezza della dialettica della sua articolazione triadica, Hegel fondò la sua visione razionale della realtà, affermando che alla luce di siffatta dialettica l'essere coincide col dover essere, e quindi la realtà non poteva che esser razionale, e quindi la razionalità non poteva che esser reale.

Proprio si collocano due dei miei personali pensieri, che come si avrà modo di capire, a differenza dei precedenti, questi sono suggeriti dal Dàimon negativo:

PENSIERO N°67

"Giacché l'irrazionalità del reale si palesa a guisa di profezia autorealizzantesi - in quanto come qualsivoglia difetto, ciò non sussiste fintantoché non venga quantomeno rilevato -, non si ecceda quindi nel perfezionamento dell'opera meritoria oltre quel tanto ch'è bastevole per non tornar quanto detto ad inevitabile ed iniquo nocumento."

PENSIERO N°68

"Poiché credo nella massima razionalità degli effetti e delle conseguenze rispetto alle cause ed alle condotte, non esiste discrepanza o distorsione tra merito ed onere od onore.

Ergo, qualsiasi cosa ti sia accaduta, qualsiasi condanna, pena od afflizzione, onere o sofferenza, condizione o status, ma così come anche qualsiasi premio, complimento o gioia, onere o godimento, plauso o congratulazione, ti è necessariamente di merito, di diritto, per giustizia e per razionalità.

Senza ombra di contingenza, ciò che sei, fai o possiedi oggi è direttamente proporzionale, razionale e necessario a ciò che fosti, facesti o possedesti ieri, ed altrettanto proporzionale, razionale e necessario a ciò che sarai, farai o possederai domani."

Voltaire, completando il detto secondo cui "la vita è una partita a carte", ha affermato che *"il giocatore deve accettare le carte che la vita gli dispensa; una volta che le ha in mano, lui soltanto può però decidere come giocarle per vincere la partita"*.

4. Fenomenico, lenti azzurre e percezione

Con richiamo al ***Pensiero N°66***, qui di seguito un saggio a ciò inerente. Immanuel Kant sosteneva che la realtà è fatta congiuntamente da Fenomenico e Noumenico: tutto ciò che è tangibile: può essere misurato, contato, pesato, quantificato, toccato, giudicato, ed è all'interno delle coordinate assolute di spazio e tempo, immanente, fisico, materiale; e tutto ciò che può essere pensato ma non conosciuto: ipotizzato, teorizzato, al di là di spazio e tempo, il trascendentale, metafisico, l'ideale, il divino.

L'uomo, in quanto essere sensibile, è capace di percepire la realtà, ma purtroppo non nella sua interezza: la ragione, la matematica, la fisica, la misura, non si possono spingere oltre il fenomenico; per il noumenico invece l'uomo non può adoperare più che l'intuizione e, nei casi di credenza, la fede.

La percezione dell'uomo però è filtrata da lenti azzurre che distorcono la realtà: una distorsione che però nelle parole di Kant non lascia intendere se si tratti di quantitativa o qualitativa della realtà.

La domanda che sorge spontanea è pertanto: l'uomo vede tutto e male, oppure vede parzialmente ma bene?

L'ipotesi che l'uomo veda tutto e bene è esclusa poiché altrimenti o il discorso di Kant è errato, o la realtà è fatta solo dal fenomenico (soluzioni entrambe care al nichilismo, ma incompatibili con la nostra trattazione). Quindi, tornando la discorso di prima, le lenti azzurre o ci ostruiscono parzialmente la vista, o ce l'annebbiano.

Questa nuova soluzione non fa altro che giungere alla rielaborazione del fenomenico: non più esteso tra due dimensioni (Spazio e Tempo), ma tre, dove il nuovo asse sarebbe la Percezione.

Il fenomenico non avrebbe motivo di essere senza l'uomo, in quanto nessun uomo potrebbe vedere, toccare, e pensare il fenomeno, quindi solo con l'uomo il fenomenico esiste, ma proprio perché vi è la Percezione, in quanto senza Percezione l'uomo non sarebbe uomo, anzi, non esisterebbe neppure l'uomo.

Quindi l'uomo è per il fenomeno solo Percezione, e solo la Percezione è la lettura, il mezzo per sentire il fenomeno: si tratta del rapporto tra uomo (o "io") e fenomeno (o "natura"). Il fenomenico sta dunque entro tre dimensioni, tre assi (x,y,z) che divengono Tempo, Spazio, Percezione.

Ma a questo punto il passo è breve a porre l'intera realtà (e non solo il fenomenico) in questo sistema a tre dimensioni, congiungendo fenomenico e noumenico. Si deduce che in assenza di Percezione (e quindi d'uomo) sarebbe tutto noumeno (in quanto Spazio e Tempo sono infiniti), quindi essendo la Percezione l'uomo, questi legge solo ciò che percepisce.

La storia ci ha dimostrato come l'asse della Percezione (si badi: finita e proporzionale alla ragione dell'uomo) abbia amplificato la sua portata in modo progressivo.

Quindi la Percezione tende a progredire in modo tale da trasferire dal metafisico al fisico quelle intuizioni che divengono fenomeno: al fulmine viene tolta l'etichetta di "metafisico" e la si sostituisce con quella di "fisico", e così via per qualsiasi cosa che resta all'uomo inspiegata... adesso!

Il Noumeno, ciò verso il quale si può credere solo mediante intuizione o fede, è ciò verso cui la Percezione non giunge. All'infinito l'uomo conoscerà il Noumeno che, attenzione, non sarà più tale, ma diverrà fenomeno. L'uomo, è in potenza, percezione finita ma in divenire tendente all'infinito. Non si può dire quindi che la realtà corrisponda solo con il Fenomenico, e quindi con la Percezione in quanto l'uomo non giunge oltre questa (come l'esempio sopra), ma la realtà comprende tutto, pure il Noumeno, che l'uomo, nel suo cammino verso la conoscenza, tramuterà in fenomeno. Un tentativo di leggere il Noumeno in chiave fisica è stato fatto dall'Antroposofia di Steiner, cercando di unire Spirito e Scienza.

Ma fintantoché l'uomo non ha foggia di ravvisare cosa si nasconde sotto il velo di Maya con l'etichetta "infinito", ciò per l'umanità sarà solo tabù: non a caso la filosofia di chi ha toccato questo argomento è stata marchiata come "marcia" o "matta".

PENSIERO N°69

"In questo mondo il pavido invito a desistere dall'euristiche dell'infinito e della verità è in angosciante foggia secondo solo, per enfasi, alla sollecitazione della volontà di darne una - umana o meno che sia - ragionevole e condivisibile esplicazione."

PENSIERO N°70

"Perché l'uomo è incapace di rapportarsi con l'infinito? Perché rifiuta che in uno spazio infinito è infinito il numero di pianeti abitati,

e quindi infinite le possibilità di trovare un altro individuo nell'Universo uguale in tutto e per tutto a sé; e perché in un tempo infinito è certamente infinito il numero di volte in cui la combinazione della sua vita o della sua esistenza si ripete uguale in tutto e per tutto nell'eternità senza fine. Chiunque è quindi incapace di accettare che esiste qui e adesso, ovunque e sempre."

Il pensiero che precede è ispirato alla filosofia non solo orientale ma anche a quella di Friedrich Wilhelm Nietzsche ed alla sua teoria dell'eterno ritorno: *« Che accadrebbe se un giorno o una notte, un demone strisciasse furtivo nella più solitaria delle tue solitudini e ti dicesse: "Questa vita, come tu ora la vivi e l'hai vissuta, dovrai viverla ancora una volta e ancora innumerevoli volte, e non ci sarà in essa mai niente di nuovo, ma ogni dolore e ogni piacere e ogni pensiero e sospiro, e ogni indicibilmente piccola e grande cosa della tua vita dovrà fare ritorno a te, e tutte nella stessa sequenza e successione [...]. L'eterna clessidra dell'esistenza viene sempre di nuovo capovolta e tu con essa, granello della polvere!". Non ti rovesceresti a terra, digrignando i denti e maledicendo il demone che così ha parlato? Oppure hai forse vissuto una volta un attimo immenso, in cui questa sarebbe stata la tua risposta: "Tu sei un dio e mai intesi cosa più divina"?»*[25]

Io non condivido il pensiero nietzscheano. Esso non tiene conto dell'irripetibilità dell'anima umana, saldandosi a credenze orientali di reincarnazioni e di "serpenti che si mordono la coda".

Non è quindi condividibile l'eterno ritorno così come lo ha cristallizzato questo disturbato autore, mentre potrebbe essere condivisibile un "eterno ritorno" di civiltà: come l'andamento di una sinusoide le civiltà sul nostro pianeta si susseguono con periodi di lustro ed altri di decadenza; ciò può avvenire nell'arco di secoli e/o millenni (e ciò rientrerebbe più o meno al di sotto della nostra "supervisione" storca-archeologica) oppure può avvenire nell'arco di diverse ere.

Se ciò avvenisse, e cioè che una civiltà o più civiltà (tecnologicamente avanzate) fossero scomparse in ere a noi osticamente osservabili oppure ormai dimenticate, non è difficile immaginare come i culmini di ogni era

[25] Friedrich Wilhelm Nietzsche, LA GAIA SCIENZA, aforisma 341.

avrebbero conosciuto tecnologie sviluppate da popoli ora sconosciuti o forse non più conoscibili.

Come spiegare per esempio gli "oggetti fuori dal tempo" come la Mummia di Usermontu (contenente una protesi metallica risalente al 656 a.c.), le incisioni nella trave di 3000 anni fa di un tempo del Nuovo Regno egizio (raffiguranti sottomarini, elicotteri ed aeroplani sgancianti missili), i sei alianti di legno nelle piramidi di Saqqara, il Teschio di Cristallo di Mitchell-Hedges (scoperto in una piramide Maya), la navicella di Tropakkale datata 3000 anni ritrovata in Turchia (raffigurante una possibile nave spaziale o macchina del tempo), i Jet d'oro precolombiani datati 1000 anni orsono, La batteria di Baghdad datata 250 più o meno intorno all'anno zero, le pietre Ica (raffiguranti insieme uomini e dinosauri), il Teschio dello Zambia (esempio più eclatante) datato 300.000 anni fa (mentre i primi uomini sono datati 75.000 anni fa, le statuette di Acambaro datate 2500 anni orsono raffiguranti dinosauri, la pagoda nera di Konarak del XIII sec. (la cui pietra sommitale non è collocabile se non con macchinari moderni), le lampade di dendera (raffigurazioni sulle mura di templi egizi di lampade o grossi neon con tanto di filo elettrico? E gli esempi potrebbero a dismisura moltiplicarsi.

Con riferimento alle interessanti lampade di Dendera: *"In diversi luoghi all'interno del tempio tardo Tolemaico di Hathor a Dendera, in Egitto, strani bassorilievi sulle pareti intrigano da anni gli studiosi. Difficile, infatti, per loro spiegarne la natura, sulla scorta di temi mitico-religiosi tradizionali, ma nuove e più moderne interpretazioni ci giungono dal campo dell'ingegneria elettronica. In una camera, il pannello superiore, mostra alcuni sacerdoti egiziani che fanno funzionare quelli che appaiono come tubi oblunghi che compiono diverse funzioni specifiche. Ogni tubo ha all'interno un serpente che si estende per tutta la sua lunghezza. L'ingegnere svedese Henry Kjellson, nel suo libro "Forvunen Teknik"(tecnologia scomparsa) fece notare che nei geroglifici quei serpenti sono descritti come "seref", che significa illuminare, e ritiene che si riferisca a qualche forma di corrente elettrica. Nella scena, all'estrema destra, appare una scatola sulla quale siede un'immagine del Dio egiziano Atum-Ra, che identifica la scatola quale fonte di energia. Attaccato alla scatola c'è un cavo intrecciato che l'ingegner Alfred D. Bielek identifica come una copia esatta delle illustrazioni odierne che rappresentano un fascio di fili elettrici. I cavi partono dalla scatola e corrono su tutto il pavimento, arrivando alle basi degli oggetti tubolari, ciascuno dei quali poggia su un sostegno chiamato "djed" (loZed) che Bielek identificò con un isolatore ad alto voltaggio. Ulteriori immagini trovate all'interno della cripta mostrano quelle che potrebbero essere altre applicazioni del congegno: sui bassorilievi si vedono uomini e donne assisi sotto i tubi, come in una postura per creare una modalità ricettiva. Che tipo di trattamento irradiante vi si stava svolgendo?"*[26]

PENSIERO N°71

"Verrà un giorno in cui chiunque potrà conoscere, vedere, toccare, udire e studiare chiunque altro e qualsivoglia cosa in un mondo in cui la rete di comunicazione sarà una e capace di tutto; sarà il culmine della nostra tecnologia e della nostra civiltà, ma diverremo a quel punto totalmente ed inscindibilmente dipendenti dal sistema, senza riuscir a saper far alcuna cosa senza di esso.

Un giorno poi, quando avremo smesso di operare con l'uso delle mani, ed avremo dimenticato ogni lavoro col corpo, avverrà una catastrofe: il sistema smetterà di funzionare, la rete si dissolverà, ed irrimediabilmente le nostre conoscenze andranno perdute con essa.

Delle nostre costruzioni non resterà che l'eterna ed indissolubile pietra, ed a quel punto a noi non resterà altro che ricominciare tutto da capo."

---

26 http://mondomisteri.altervista.org/SpazioTempo/FuoriTempo.php

5. L'Amore nell'Articolazione triadica

Questo Capitolo Quinto, inserito quasi alla fine di questo libello, è dedicato ad un mio saggio scolastico che elaborai nel 2009 circa la visione dell'Amore osservata in chiave di dialettica hegheliana, da qui il titolo "Articolazione triadica" circa il tema dell'Amore, ma con un profondissimo sguardo alle implicazione psicanalitiche che lo studio freudiano comporta. Con riferimento all' "articolazione triadica" si rinvia pertanto al Capitolo Terzo di questo libello.

Se volessimo applicare il sistema hegeliano dell'articolazione triadica al tema dell'Amore, individuando tesi, antitesi e sintesi, non potremmo prescindere dall'Idea, dalla Natura e dallo Spirito.

Ponendo l'idea di Amore come concetto astratto con le sue caratteristiche in luogo di tesi, avremmo, in luogo di antitesi, la sua materializzazione concreta e naturale, che nell'uomo si manifesta attraverso "l'Eros": il rapporto che conduce alla congiunzione tra i due amanti ed al risultato fisico della unione che consiste nel figlio, il risultato che sigilla e rappresenta la congiunzione, al di là dell'eventuale separazione degli amanti; in luogo di sintesi, avendo "Amore" ed "Eros" rispettivamente Idea e Natura, non potrebbe che essere il "Sentimento" la sintesi coprendo la posizione di Spirito.

Non vi è nulla che non direbbe lo stesso G. W. F. Hegel nel attribuire il concetto d'Amore ad una idea pura, l'Eros alla sua manifestazione naturale e dispiegamento nella fisicità dei corpi, il Sentimento alla cristallizzazione spirituale, e la conseguente purificazione ideale nello stesso concetto astratto.

Quindi ciò che è presente nella coscienza umana è il Sentimento dell'Amore, ciò che può essere provato nei confronti del partner a livello mentale ed esprimibile solo mediante il dialogo, il mezzo con il quale l'uno incontra l'altro (Secondo il principio dell'agire comunicativo di Habermas).

L'Eros, come sappiamo, si esprime nella fisicità del rapporto, nella congiunzione dei corpi e nella esaltazione della carne; il piano su cui ci si trova adesso non può che essere la realizzazione delle spinte irrazionali ed inconsce dell'Es (Così come ci insegna la scuola Freudiana), in netta contrapposizione della coscienza e della razionalità dello Spirito e del Sentimento.

Ma se l'Amore, l'Eros, ed il Sentimento (positivo) sono rappresentazione del "Desiderio dell'altro", l'esatto contrario non può che essere la "Repulsione dell'altro"; quindi anche sull'opposto del "Desiderio dell'altro" è possibile costruire la relativa articolazione: sarebbe in questo caso l'Odio posto in luogo di tesi, in quanto idea pura ed astratta; sarebbe "Thanatos", la violenza fisica, in luogo di antitesi consistente nella materializzazione dell'idea pura, e metodo coattivo; sarebbe in fine la "Minaccia" (Secondo il principio dell'agire strumentale) la sintesi tra "Odio" e "Thanatos", la quale sia cristallizzazione dell'antitesi, e passo precedente alla tesi pura.

Il "Thanatos", come sappiamo, si esprime nella fisicità del rapporto, nello scontro dei corpi, e nella distruzione della carne; il piano è lo stesso che per l'Eros: l'Es.

La "Minaccia", che esclude il contatto fisico, è il mezzo con il quale lo Spirito manifesta la repulsione: il mezzo è il messaggio.

A questo punto è breve il passo a concepire una sovrarticolazione triadica che veda tesi l'Amore, antitesi l'Odio, e sintesi la Passione. Il perché si spiega facilmente.

Consideriamo la "Passione" come concetto astratto al di là di desiderio e di repulsione; è "energia neutra". La sua materializzazione, quindi la sua antitesi, è "l'Azione", anch'essa neutra, e considerata in questa accezione del termine; e così anche neutra è la sua sintesi: "Potenza", che è lo stato dello Spirito conscio del saper muovere l'altro.

Questa sovrarticolazione rappresenta i possibili rapporti tra un individuo ed un altro, ma il discorso non finirebbe qui, in quanto tutte le idee, tutti i concetti, tutta la realtà, in quanto ragione, sono concettualizzabili e schematizzabili nella triadicità dell'articolazione, e quindi l'Amore non è che un momento della realtà razionale o della ragione reale che, come una matrice, riempie il Tutto.

La concezione di "Tutto" con la sua definizione, in questo libello è contenuta assieme a quella di "Dio" nel Capitolo che segue: il Sesto.

6. Dio ed il Tutto

Questo Sesto Capitolo in principio era nato come Capitolo Primo di un'altra opera mai giunta in conclusione per cui ho trovato utile inserirla nella mia prima attività scritta di tipo filosofico in questo libello. Il capitolo seguente avrebbe dovuto trattare del "Nulla", proprio in contrapposizione al capitolo precedente, e del concetto di "Nientificazione" di cui Heidegger si è fatto insegnante.

Il mondo si ramifica in una così estesa moltitudine di sfaccettature da darne un'interpretazione differente ad ogni occhio che osserva. Si potrebbe dire che esso ha tante interpretazione quante sono le persone, gli individui, gli "io" pensanti. Proprio per questo motivo la Filosofia (storicamente considerata) non è stata innalzata al rango di scienza, poiché diversa ad ogni pulpito. Vi sono tante di quelle correnti di pensiero che elencarle sarebbe eccessivamente espansivo, non tenerne conto sarebbe semplicisticamente riduttivo, prenderne in considerazione solo alcune sarebbe inevitabilmente di parte.

Il Tutto (che posso chiamare anche mondo), si basa essenzialmente su tre oggetti, tre punti d'interesse, e ciò è inevitabile; ogni oggetto, od elemento, ha due visioni, una interna ed una esterna. Vi è per ogni elemento una visione interna (una scienza), ed una essenzialmente esterna (una credenza, o potremmo dir meglio, una "filosofia"). I tre elementi ai quali faccio riferimento sono Dio, la Natura, e l'Uomo.

Dio viene considerato come l'oggetto di ricerca più diffuso tra i filosofi, vedendo in Lui la verità, l'Essere, la vita, l'Amore, in sintesi il principio del Tutto. Religiosi e non, vedono (o hanno visto) in Dio la massima rappresentazione del mondo, sia esso personificato, sia Esso essere inconsistente, astratto, o puramente concettuale, il più delle volte attribuibile all'Universo, al tutto generico, al pensiero umano generale, alla natura. La visione interna, scientifica, di Dio, non può che essere la teologia: lo studio dettagliato ed analitico del fenomeno divino, le sue caratteristiche, le peculiarità. La visione esterna invece è la fede, il credo, la religione, quella credenza che varia di popolo in popolo, quel prospetto mutevole di un'unica entità che è Dio.

Alla religione ci si può credere o meno, abbracciarne una, un'altra, o nessuna, tollerarla, apprezzarla, disprezzarla, rifiutarla. La differenza tra visione interna e visione esterna sta quindi nel rapporto che si ha con l'uomo (l'io pensante), d'inamovibilità dell'una (Teologia, che c'è e non può non esserci, necessaria ed ineliminabile), e rifiutabilità dell'altra (Religione, credo, fede, che si sostanzia solo nella fiducia, nell'atto del credere, senza basi tangibili e fisiche (se non i miracoli), e consistente nel concepire Dio come principio e fine del Tutto, ordine superiore, coincidente con esso: opinabile, e ne è dimostrazione la moltitudine di religioni sparse per il mondo, assieme alle terribili guerre religiose).

Il sistema filosofico del dogmatismo comprende anche il platonismo, ogni forma di religione monoteista, etc; quindi all'elemento "Dio" non può che aggiungersi il "mondo delle idee" platonico, o il "noumeno" di Kant, il paradiso, il creazionismo, il Dio cristiano, Jahvè, Elohim, Eloha, JHWH, Geova, Jahweh, Adonai, etc.

PENSIERO N°72

"Cercare Dio con le scienze matematiche o con le sterili dottrine filosofiche e come tentare di raccogliere da un piatto spaghetti con un coltello o con un cucchiaio: state utilizzando gli strumenti sbagliati".

Dio, come elemento della articolazione triadica hegeliana è energia pura, idea, concetto, logica, ragione, razionalità reale, che confluisce nel mondo (la Natura) e nello spirito (L'Uomo) come un alito di vita.

Il secondo elemento della trattazione è la Natura: ha la sua "visione interna", una sua scienza precisa articolata in ogni aspetto e modo, dalla fisica alla matematica, dalla medicina alla biologia, dalla scienze della terra all'astronomia, in sintesi le Scienze con la "s" maiuscola. La "visione esterna", quella che vuole attribuire alla Natura una forza creatrice a se per l'esistenza dell'uomo ed indirettamente di Dio, è il naturalismo spinoziano.

Non può che aggiungersi ad esso il materialismo, il meccanicismo, l'evoluzionismo, l'illuminismo, e tutti quei pensieri "illuminati" che vedono nella natura il principio e la fine di tutto, la fragilità dell'uomo, ed il suo rinchiudersi nella religione come riparo e rifugio.

L'elemento "Dio", per tale trattazione, fa riferimento a ciò che Schelling aveva illustrato su i due possibili sistemi filosofici (quindi visioni esterne), del naturalismo spinoziano e dell'idealismo fichtiano: il naturalismo spinoziano, che è diretto a mostrare come la natura si risolva nello spirito; l'altro, l'idealismo fichtiano, diretto a mostrare come lo spirito si risolva nella natura.

PENSIERO N°73

"Il fatto è questo: l'unica vera realtà coincide con La Matrice. Alla luce di ciò il Tutto non può che essere nonché dover essere pura Scienza. Se ciò che accade avviene al di fuori o al di dentro della nostra testa, poco importa: sempre di numeri, di formule, e di reazioni chimiche si tratta. L'unica vera arte consisterebbe in vero in quanto sublimi sono le nostre scelte nel far avvenire ciò che accade."

Prima di concludere la trattazione di questo libello con il Capitolo che segue, vorrei tenere a precisare con un allegoria che ho inserito nel Pensiero seguente, un principio importantissimo circa la ricerca di Dio: la filosofia è uno strumento per cercare qualcosa, ma non è capace di trovare tutte le cose di cui ne abbisogniamo la tangibilità.

PENSIERO N°74

"Si badi nel far uso delle proprie scienze: nulla di più errato v'è, per esempio, nel sollecitar un diurno volo di nottola.

Si ricordi che il giorno è inequivocabilmente governato dall'eterno, fulgente ed indiscutibilmente raggiante Sole. Pleonastici son ivi quei rapaci e notturni occhi."

In TV ho sentito un Sacerdote raccontare una parabola su un uomo che avendo perduto di notte le chiavi in una strada buia poi le andava a cercare a non poca distanza sotto un lampione perché era l'unico luogo dove c'era un po' di luce per cercare; una volta un mio interlocutore mi disse che la Teologia è un uomo che al buio in una stanza alla ricerca di un gatto all'improvviso afferma "L'ho preso".

La ricerca esiste perché si ha la consapevolezza che prima o poi qualcosa verrà trovato, altrimenti molto semplicemente non esisterebbe.

7. La Musica

Questo Settimo Capitolo è dedicato ad un mio lavoro elaborato nel 2009 in occasione della tesi di maturità scientifica presso il Liceo Scientifico Statale Archimede di Acireale.

Il *ligamen* tra filosofia e musica è stretto a tal punto da figurare l'una il mezzo dell'altra per spiegare la natura; natura che è anche quella dell'uomo. La musica è, come tutte le altre arti, un mezzo di espressione non già dell'uomo, ma di quella Energia che tutto muove e tutto è. C'è chi la chiama Dio, c'è chi la chiama Idea, c'è chi la chiama Assoluto, c'è chi la chiama Noumeno, e così via.

PENSIERO N°75

"Musica. Non è altro che quell'incessante intenzione dell'imperituro Assoluto di manifestarsi a quell'essere finito che è l'uomo, d'essa sempre amante. Un' infinita epifania intangibile ma straordinariamente intuibile: un brivido ch'attraversa lo spirito dell'intera ed infinita umanità, uno sguardo d'estasi sublime verso la fulgente empirea immensità."

Questa Energia si manifesta nella natura, in tutto il creato, con un'autocoscienza di sé medesima che varia al variare di chi osserva, in quanto ci sono tanti mondi, e quindi nature, quante sono le interpretazioni di essi. L'interpretazione è coscienza, è natura conscia, che nell'uomo trova la sua massima espressione. Quindi la musica è espressione conscia di quella Energia manifesta, a più sfumature, nella natura. E se tutto è Energia, e la musica è manifestazione di questa, allora la musica è presente in tutta la natura, come tutte le altre arti, sopita, e solo quindi con la speculazione filosofica che si intende la musica come tale, e diviene mezzo per spiegare questo fenomeno.

PENSIERO N°76

"La Musica si compone di quelle parole d'amore che Dio sussurra all'orecchio dell'umanità"

Qui interviene la missione del dotto fichtiana che consta nell'estrapolare, far venir fuori, la musica dalla natura coscia, che è l'uomo; e più il dotto è tale, più la musica si può estrapolare dall'uomo come la statua michelangiolesca dal crudo marmo.

Per la sua dolce o cruenta espressività, per la capacità di istruire e far provare emozioni, per la sua importanza ed imponenza, la musica è stata da sempre considerata arte e dono naturale.

PENSIERO N°77

"L'Arte è il dono che Dio ha fatto agli uomini al fine di perseguire la ricerca della sapienza, suggerendogli l'amore per la Conoscenza: la pittura, la scultura, l'architettura per vederla; la musica per udirla; la poesia e la retorica per comunicarla."

Annoverata tra le Muse col nome di Euterpe, la musica è la massima espressione artistica tramandataci dall'antichità. Arte che abbraccia sublimemente le più alte speculazioni umane dal campo scientifico a quello umanistico, da quello religioso a quello propagandistico. Studiata come scienza, fruita come arte, prodotta come opera. Questa ha la capacità di entrare all'interno dell'animo umano avvolgendo in un turbine di passione e disinibizione i sentimenti ed i pensieri.

Nella filosofia moderna la musica viene presa in considerazione nel Romanticismo, con particolare attenzione nell'Idealismo, e nel Pessimismo. I principali filosofi che trattano arte nell'accezione musicale sono:

Immanuel Kant (1724 – 1804)

La musica senza testo coglie, senza alcun concetto, la "bellezza libera", che è giudizio estetico puro, quindi universale. Questa viene identificata come bello artistico, poiché ha l'apparenza o la spontaneità della natura.

Questa spontaneità proviene dal genio, che per usare le parole del filosofo di Königsberg: "E' talento (dono naturale), che dà la regola all'arte. Poiché il talento, come facoltà produttrice innata dell'artista, appartiene anche alla natura, ci si potrebbe esprimere anche così: il genio è la disposizione innata dell'animo (ingenium) per mezzo della quale la natura da la regola dell'arte."[27].

Friedrich Wilhelm Joseph Schelling (1775 – 1854)

L'arte è l'attività nella quale si armonizzano completamente spirito e natura, è la sintesi di un momento inconscio o spontaneo (l'ispirazione) e di un momento conscio e mediato (l'esecuzione cosciente), che rappresenta la miglior chiave per intendere la struttura dell'Assoluto: "L'arte è per il filosofo quanto vi ha di più alto, poiché essa gli apre quasi il santuario, dove in eterna ed originaria unione arde come in una fiamma quello che nella natura e nella storia è separato."[28]

Georg Wilhelm Friedrich Hegel (1770 - 1831)

L'arte rappresenta il primo passo attraverso cui lo spirito assoluto acquista coscienza di se medesimo, in quanto, tramite essa, l'uomo acquista consapevolezza di sé o di situazioni che lo riguardano mediante forme sensibili come la musica, le parole, le figure ecc. La musica conosce l'Assoluto nella forma dell'intuizione sensibile.[29]

Arthur Schopenhauer (1788 – 1860)

La musica, oltre ad essere una via di liberazione dal dolore, si pone come immediata rivelazione della volontà a se stessa. Si configura come l'arte più profonda e universale e come una vera e propria "metafisica di suoni", capace di metterci a contatto con le radici stesse della vita e dell'essere. Non è una via per uscire dalla vita, ma solo un conforto alla vita stessa.[30]

Friedrich Wilhelm Nietzsche (1844 – 1900)

La musica nasce da un'identificazione totale dell'artista con "l'uno originario, col suo dolore e la sua contraddizione"; il prodotto di

---

[27] Immanuel Kant, CRITICA DEL GIUDIZIO.

[28] Friedrich Schelling, SISTEMA DELL'IDEALISMO TRASCENDENTALE.

[29] Georg Hegel, L'ENCICLOPEDIA DELLE SCIENZE FILOSOFICHE.

[30] Artur Schopenhauer, IL MONDO COME VOLONTA' E COME RAPPRESENTAZONE.

quest'identificazione è puro, non riducibile a concetti ed immagini: "La musica mai può diventare mezzo al servizio del testo, ma in ogni caso supera il testo; diventa dunque sicuramente cattiva musica se il compositore spezza in se medesimo ogni forza dionisiaca che in lui prende corpo, per gettare uno sguardo pieno d'ansia sulle parole e sui gesti delle sue marionette."[31]

A mio avviso la Musica è una Scienza esatta, fatta di numeri e di formule: non può essere lasciata naufragar nella temperie dell'opinione[32]. Sant'Agostino affermò: *"Da dove, ti prego, vengono queste cose, se non dal sommo ed eterno principio dei numeri, della similitudine, dell'uguaglianza e dell'ordine? Ma se toglierai queste cose dalla terra non sarà più nulla."*[33]

L'interpretazione dell'esecutore lascia lo spazio che trova, donando quella originalità che solo l'essere umano può conferire, ma il virtuosismo del musicista non può fiorire ove non ci sia quella solida e forte base fondamentale che da semente irrora il fertile terreno ch'è la volontà del discente.

Lo studio della Musica è un esercizio per il corpo e per la mente, che aiuta ad avere dimestichezza con lo strumento ed elasticità nel pensiero in ogni altra disciplina, ma se non lo si coltiva, finisce per restare una semplice esperienza di sterile studio fine a sé stesso.

La Musica va vissuta sino in fondo, conoscerla e riscoprirla continuamente, per esprimersi con una marcia in più nei confronti di chiunque.

---

[31] Friedrich Nietzsche, MUSICA E PAROLE.

[32] Jean-Philippe Rameau nel *Trattato dell'armonia ridotto ai suoi principi fondamentali* (1722) diceva: "La musica è una scienza che deve avere regole certe: queste devono essere estratte da un principio evidente, che non può essere conosciuto senza l'aiuto della matematica. Devo ammettere che, nonostante tutta l'esperienza che ho potuto acquisire con una lunga pratica musicale, è solo con l'aiuto della matematica che le mie idee si sono sistemate e che la luce ne ha dissipato le oscurità".

[33] Agostino - De Musica, cap VI, par. 17,57

8. Postfazione

Concludo questo mio primo lavoro filosofico, sperando che sia apparso gradevole o illuminante, interessante o stimolante, con un ultimo pensiero, il quale riassume il mio divenire nella formazione e concezione della Filosofia sino ad oggi.

"Durante la notte più buia, non appena si avverte il levare della nottola in volo, son davvero pochi i lumi che fan luce: bisogna saper come, cosa, dove e da che angolazione guardare per meglio apprezzare il ravvisabile.

Mi son spesso giovato delle elleni Stelle, di alcune in particolare, ma cercando fra queste in vero la più fulgente; per tanto tempo poi mi son servito della l'alemanna Luna coi tanti suoi spicchi e crateri per osservare il mondo.

E proprio quando il firmamento ad un punto mi apparve tutto oscurato con le nere nubi tutte a coperta, d'un tratto una Saetta, che proprio dall'Oriente sembrava qui tornare, m'illuminò a giorno squarciando l'obnubilante velo sullo stellato cielo su di me, lumeggiando il mondo e gli uomini intorno a me, e facendomi udire finanche il battito dentro di me.[34]

Ci tengo a ringraziare il caro lettore e quanti amabilmente avranno così ricompensato il mio sforzo. Invito tutti alla cura della poesia, della retorica, della musica, ma soprattutto allo studio della filosofia, al suo approfondimento, al suo amore ed alla sua conoscenza affinché la vita di tutti sia più agevole, per una coesistenza più equa e proficua, per un divenire più sobrio, per un mondo migliore.

---

[34] Il mio caro amico Francesco Di Gregorio non esitò ad individuare nelle allegorie i filosofi classici greci, poi quelli classici tedeschi ed infine, squarciando il velo di Maya, Arthur Schopenhauer.

9. BIBLIOGRAFIA

AGOSTINO, De Musica
ALBERT EINSTEIN, the world as i see it
ARISTOTELE, dell'arte poetica
ARTHUR SCHOPENHAUER, l'arte di ottenere ragione
ARTHUR SCHOPENHAUER, il mondo come volontà e come rappresentazione
DINO BASILI, I violini di Chagall
D'URSO GRAZIANO, Ritmica-mente[7]
D'URSO GRAZIANO, Versi antichi e rime nuove
D'URSO GRAZIANO, Il manifesto sofiocratico
FRIEDRICH NIETZSCHE, Musica e parole
FRIEDRICH NIETZSCHE, La gaia scienza
FRIEDRICH SCHELLING, Sistema dell'idealismo trascendentale
GEORG HEGEL, L'enciclopedia delle scienze filosofiche
IMMANUEL KANT, Critica del giudizio
JAMES BORG, Persuasione
JEAN-PAUL SARTRE, L'esistenzialismo è un umanismo
JEAN-PHILIPPE RAMEAU, Trattato dell'armonia ridotto ai suoi principi fondamentali
PLATONE, Apologia di Socrate
SALVATORE AMATO, Coazione, Coesistenza, Compassione
VAUVENARGUES, Riflessioni e massime

10. Sommario

www.ingramcontent.com/pod-product-compliance
Lightning Source LLC
LaVergne TN
LVHW010543100826
845148LV00013B/2587

* 9 7 8 0 2 4 4 5 6 4 0 5 6 *